地域で「最期」まで支える

―琴平社協の覚悟―

越智和子
Kazuko Ochi

ブックデザイン　株式会社ビー・ツー・ベアーズ
表紙・扉のイラスト　香川県立善通寺第一高等学校デザイン科一期生

刊行にあたって

本書は、香川県の琴平町社会福祉協議会の、そして36年にわたって仕事をされてきた著者・越智和子さんの歴史とも言うべきものです。単に、現在の事業・活動の内容が示されているのではなく、越智さん自身がどのように琴平町の住民の困りごとを受け止め、それに対してどのような手だてを講じてきたのか、そして、社協がどう取り組み、事業・活動がどのようにつくられていったかの過程が述べられています。したがって、数多くの事業がどのようにつながっているのかがよくわかります。

越智さんは「誰もが安心して暮らせるまちづくり」という目標とともに、「在宅福祉サービスから地域福祉を展開する」という事業・活動の展開の方針を示しています。

この意味するところは、個別支援（専門職のみならず、住民によるものを含む）をまず行い、それを通じて、多くの人々が何に困っているか、そしてそれに対し支援をする意味を住民も理解し、地域全体で支える状況をつくっている、ということです。

本書には、全国に誇るべき先駆的な事業が数多く紹介されていますが、なぜ、そうした事業を生み出したかの発想と、そして、以前から取り組んできた事業とのつながりのなかから生まれてきたという経緯がよくわかります。

とりわけ、「最期」まで支える仕組みとしての〝地域生活総合支援サービス〟は、社協の活動の究極の姿を表しているようにも思われます。先見の明に驚くと同時に、琴平社協の歴史を見ていくと、この活動は生まれるべくして生まれたとも思います。

本書に示されたことは、社協の歴史の振り返りに通じるものでもあります。

皆さんの社協の事業展開、地域福祉活動の参考にしていただけることを願っています。

二〇一九年七月　全国社会福祉協議会地域福祉部

はじめに

日本の社会福祉は、地域共生社会の実現に向けて豊かな地域福祉実践が求められる、地域福祉の新たな時代になりました。私は福祉系大学で社会福祉を学びましたが、その当時はケースワーク、グループワーク、コミュニティオーガニゼーションの三分類の方法論であり、入所型施設福祉が主流の時代でした。私はその当時の社会福祉のあり方や教育方法に何かなじめないものを感じていました。ただ、ゼミでご指導いただいた、故西脇勉教授の講義は大変興味深く、先生ご自身の大阪市でのセツルメント活動の実践や、社会教育分野で住民を対象に社会福祉について講演されたことなどがおぼろげに、私の地域福祉への関心につながりました。

そして私は、大学卒業後に、紡績工場内にある定時制・通信制の高校に勤めました。当時、そこには、繊維産業で仕事をしながら、勉強している生徒たちがいました。それまで私が知らなかった、地理的な、また、家庭環境や経済的な理由から全日制高校への進学が困難な子どもたちの実態でした。

その高校は全寮制で、四国の各地、山あいの集落や海辺の町から、生徒が集まっていました。高校に進学するには親元を離れなければならず、その費用も捻出できなければ進学を断念せざるを得ないのでした。知らない大人たちに交じって2交代制で仕事をこなし、授業に参加するのです。そうした子どもたちとふれあうなかで、「豊かさとは何か」「家族とは」「貧困とは」と考え、教えられた日々でした。

二〇〇三（平成十五）年から四国で継続してきた「四国地域福祉実践セミナー」には、主宰する立場でかかわってきましたが、単に自分の住む町、琴平町の地域福祉だけでなく、四国の地域福祉のあり方に強く心ひかれたのは、かつての生徒たちとの出会いが深く刻まれているからかもしれません。


その後私は、縁あって生まれた町の社会福祉協議会で、社会福祉に取り組むようになりました。高校の職員のときに毎日のように突きつけられた、生徒たちが抱えていた課題とは異なる、地域住民の抱える生活課題、社会福祉の問題と向き合うことになったのです。

山積する問題に対して、「まず目の前にあることを乗り越えよう」と考え、そこから社協の仕事がはじまったように思います。

そうしたときに、当時の「地域福祉活動専門員養成研修」で講師の一人であった大橋謙策先生と出会い、「地域福祉」に魅了されました。大学時代に西脇先生から聞いた、セツルメントのことや地域住民への講演の内容などがよみがえりました。それは、地域住民が主体的に地域づくりにかかわれるよう、地域住民を対象とする福祉教育の考え方を基盤とした地域福祉実践であり、社協職員である私の基本となりました。

〝住んでよかった町〟〝住み続けたい町〟をめざして住民と取り組んできましたが、その究極が〝地域で「最期」まで支えられる町〟であると思います。この町で「社協があってよかった。安心やなあ」と言ってもらえるようがんばっています。

今は、学生時代に学んだ社会福祉とは大きく変わっています。児童、障害、高齢と属性分野ごとに縦割りにされた考え方ではなく、地域でともに生きていくことを支援する地域福祉が主流となりました。国の施策も「地域共生社会の実現をめざす」ものとなっています。地域住民一人ひとりに寄り添いながら地域社会をしっかりととらえ、住民の意識や行動をも巻き込みながら行政と住民が協働して地域をつくっていくことが求められています。社会福祉協議会は、住民と行政のいわば〝触媒〟としての役割を担っています。今後も、その実践を豊かにし、地域社会での暮らしを支える仕組みづくりに取り組まなければならないと考えます。

本書は、琴平町と琴平町社会福祉協議会が取り組んできた実践をまとめたものであり、同時に私自身の地域福祉実践の記録ともなっています。これまで、多くの住民の方々、関係者の方々に支えられ、叱咤《しった》激励をいただきながら、ともに取り組んできた、その〝道のり〟の記録です。皆さまにあらためて心より御礼申し上げます。

なお私たちは、琴平町社会福祉協議会を、いつも「琴平社協」と呼び、また呼んでもらっています。そこで、本書でも「琴平社協」とさせていただきました。

二〇一九年七月　　越智 和子

目次

第5章 「ガァリック娘」の取り組み―地域の特産品を活用

第6章 最期まで支える仕組みづくり 「地域生活総合支援サービス」

第7章 地域共生社会と琴平町

序章　琴平社協のめざすもの

「誰もが安心して暮らせるまちづくり」

序章

琴平社協のめざすもの「誰もが安心して暮らせるまちづくり」

琴平町社会福祉協議会（琴平社協）の事業・活動は「誰もが安心して暮らせるまちづくり」を目標に取り組んできました。

その詳細は、第1章以降で述べていきますが、この章では、各事業・活動をどのように組み立ててきたかを紹介します。

1 基本的な組み立て～四つの事業・活動の区分～

四つの事業・活動を関連づけて推進

琴平社協の事業・活動は、「福祉総合相談・支援事業」「在宅福祉サービス事業」「地域福祉活動」「福祉教育・ボランティア学習事業」という、大きく四つの区分で考えています。そのバランスが大切で、また、各事業・活動が互いに影響し合う、あるいは、関連していることが重要と考えてきました。

しかし、財源確保には大変苦労してきました。財政力が脆弱《ぜいじゃく》な町行政に全面的に依存できない状況のなかで、国の補助事業、民間の助成事業、さらに会費を中心とした地域住民の方々の支えですすめてきました。

琴平社協の事業・活動を大きく発展させたのは、一九九六（平成八）年に厚生省（旧）の大型補助金「ふれあいのまちづくり事業」を受託したことでした。こ

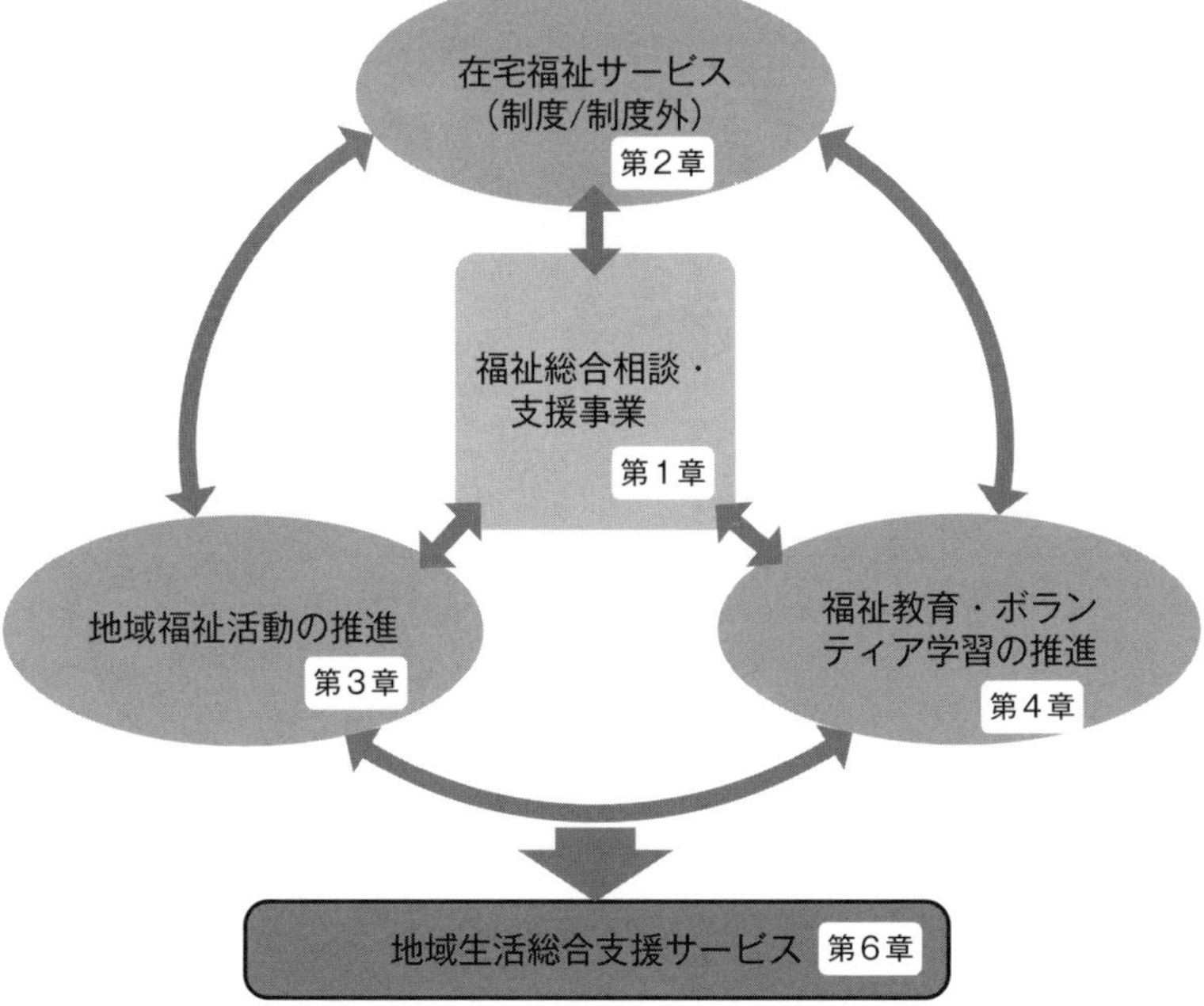

図　琴平社協の事業の組み立て（本書の構造）

の事業は、相談・支援事業を軸としたものですが、制度・サービスや住民の地域福祉活動による個別支援としっかり結びつけながら実施することが核になっている事業でした。

「ふれあいのまちづくり事業」は、前述のように、琴平社協が「福祉総合相談・支援事業」「在宅福祉サービス事業」「地域福祉活動」「福祉教育・ボランティア学習事業」の四つが互いに影響し合う推進を当初から心掛けてきたことと軌を一にするものでしたし、大いに自信を得て、その後の事業展開につながっていったのです。

一貫して「誰もが安心して暮らせるまちづくり」に取り組んできました。今、国がすすめている「地域共生社会」につながる取り組みであったと思います。小さな自治体であったからできたこと、その特性をいかして協働できたこともあります。しかし、地域で生活をし続けるうえで、そこから生じる生活課題は制度だけで解決できるものではありません。

琴平社協の取り組みは特徴として、
①事業・活動の対象を高齢者だけとしないで、障害がある人、子どもに、必要な取り組みが続けられたこと（幅広いニーズ把握、相談、支援）、
②在宅福祉サービスによる支援を要する人の個別支援を強化するとともに、地域による支

援の取り組みをすすめてきたこと、
③こうした事業・活動に取り組むにあたり、広く外部の財源を求めて取り組んできたこと、そうしながら、
④地域のなかで福祉に限らない分野とのネットワークの構築がすすめられたこと、そして、
⑤地域で生活を送るために必要なサービスを開発することに努めてきたということができると思います。

2　取り組みの振り返りと本書の構成

①　福祉総合相談・支援事業の取り組み（第1章）

社協は事業・活動の多くが高齢者を対象としていることで、高齢者のための事業所とみられることがありがちですが、社協が地域住民とともに地域福祉を推進する組織としての役割を果たすためには、すべての世代の課題を受け止める必要があるという問題意識ですすめてきました。

相談窓口で地域のあらゆる生活課題に対応することの明確化が重要であり、これにより、相談事業が社協事業・活動全体のなかに位置づけられるようになると考えてきました。

しかし、当初は「心配ごと相談」という窓口のみであり、社協というよりは民生委員による対応でした。また、生活福祉資金は、貸し付けにつなぐという位置づけに縛られている傾向がありました。残念ながら、相談事業として理解し、貸し付けができない場合にも何かの支援につなげるというような取り組みは薄かったといえます。

その状態から「困ったら社協に相談する」ということが認知されるようになったのは、ホームヘルプサービスなどの在宅福祉サービスの展開において、制度に基づくサービスにこだわらない、さまざまなニーズの把握に努めたことと、一方で、民生委員、福祉委員、そして福祉活動を担う住民をとおしてのニーズ把握に努めたことによっています。

このような考え方に立って、「福祉総合相談・支援事業」が形づくられていくことになっていきます。

第1章では、他の章でもあげる「在宅福祉サービス」(第2章)や「住民主体の地域福祉活動」（第3章）にともなう相談機能と相まって、第6章「最期まで支える仕組みづくり」のなかで、いわば集大成していく姿をお伝えします。

現在の福祉総合相談・支援事業

一般相談・法律相談
日常的金銭管理等支援サービス
日常生活自立支援事業
生活困窮者自立支援事業
生活福祉資金貸付事業（受付）
居宅介護支援事業
指定特定相談支援事業所
指定一般相談支援事業者
琴平町地域包括支援センター
法人後見事業

地域生活総合支援サービス

香川おもいやりネットワーク事業※

※制度のはざまにある、多様で複雑化した地域の課題に対応する社会福祉法人の公益的取り組み。社会福祉法人・施設、民生委員、社会福祉協議会が協働して、ニーズを発見し、相談・支援を行う仕組みをつくる取り組み。「香川型福祉でまちづくり」をめざした事業。

② 在宅福祉サービス事業の推進（第2章）

琴平社協の在宅福祉サービスは、次のように展開しています。在宅福祉サービスとして実施している事業は、制度サービスに限らず、制度外サービスを実施していること、また、制度サービスにおいても、あわせて制度外のニーズに対応する仕組みをもっていることに特徴があります。

介護保険制度がはじまってからは、どうしても制度に引きずられる傾向があります。時間と支援の内容が、計画と一時的な身体や介護の必要な状態で決定され、報酬改定に気をとられ、生活するなかで生じる利用者の求めやニーズに応えられない状況がみられます。

介護保険以前より実施してきたホームヘルパー派遣事業は、在宅福祉サービスの基盤であり、始点であると考えてきました。それは、ホームヘルパーが一軒一軒、訪問して、その人の求める支援を行うなかで、さらに必要なサービス、求められる支援を明らかにし、地域で生活するうえで必要なサービスをつくっていく、提供していくという姿勢ですすめてきました。

このように実際の地域のニーズを見つめ、制度・制度外のサービスを実施することを基本に置き、これに「福祉総合相談・支援事業」（第1章）、「住民主体の地域福祉活動」（第3章）の動きと相まってすすめたことが、「在宅福祉サービスから地域福祉を展開する」ということです。

現在の在宅福祉サービス事業

ホームヘルプサービス事業

制度外の通院支援、入退院支援などを含む

食事サービス事業（配食・会食）

月〜金。昼食と夕方は配食のみ

「えんがわクラブ」
支援が必要な方への制度外の居場所提供のサービス
通所入浴サービス事業
介護用品紹介・あっせん
住民参加型サービス

③ 住民主体の地域福祉活動の推進（第3章）

支援が必要な人にサービスを提供するだけでは地域で生活できるということにはなりません。ホームヘルパーが訪問することで、それまでご近所のいろいろなお手伝いや配慮があった付き合いが壊れることもあります。専門のサービスを利用するようになったら、周りが退いていくという状況もあります。また、サービスを利用することは「世間体がよくない」「周囲に知られたくない」という意識もありました。

福祉サービスを利用することへの偏見や間違った理解が多く、誰もがサービスを利用して、その人らしい生活を在宅で過ごす状態になるためには、まず、そうした住民意識を変えることも重要でした。

第2章では、在宅福祉サービスから見た、住民の福祉活動の重要性を述べますが、この第3章では、住民の福祉活動の側から、在宅福祉サービスの重要性、あるいは、住民の福祉活動を含めた個別支援とのかかわりについても述べます。

福祉が特別な人の問題で自分たちには関係ないとか、行政やその関係者だけが取り組んでいくものという意識が根強くあります。そうではなく、誰にも等しくかかわることであり、「決して特別なことではない」という理解を得る活動が、在宅福祉サービスをすすめ、個別支援を充実させればさせるほど重要になります。

現在の地域福祉活動推進事業

生活支援体制整備事業・協議体「ささえ愛こんぴら」活動
地区地域福祉推進連絡会（地区ネット）活動
「地域福祉懇談会」
福祉委員事業

「ひだまりクラブ」活動
住民活動拠点 サービスステーション「ちょっとこ場」
地域福祉活動拠点「楽集館」
「みんなの食堂」
「まちのキッチン もぐもぐ」

④ 福祉教育・ボランティア学習の推進（第4章）

琴平町は、主要産業が観光であるという不安定な地域経済情勢のため、何かにつけ行政依存的な地域性があり、住民が主体的に地域福祉に取り組み、福祉活動に参加する状況を生み出すことが重要でした。自ら参加した活動が誰かのための活動ではなく、自分や自分の家族と無関係ではないことを活動をとおして学ぶことを大切にしました。

そのはじまりは一九九七（平成九）年から取り組んだ「こんぴら地域福祉セミナー」で、毎年開催してきたことで住民の意識を少しずつ確実に変えました。

住み慣れた町で安心して暮らし続けるためには、住民がお互いに助け合い、ともに支え合う活動や住民主体のまちづくりが重要です。前項③の「地域福祉活動の推進」と相まって、住民自身が福祉について学ぶことに取り組むと同時に、それに対する福祉・医療・保健関係者の理解を促進することが大切と考えてすすめてきました。

現在の福祉教育・ボランティア学習

「四国地域福祉実践セミナー」
「地域福祉を考える住民大会」(実践発表)
福祉教育協力校活動支援
ボランティア講座
地域福祉講座

現在のボランティア(住民)活動推進事業

琴平町ボランティア連絡会議活動支援
プラットフォーム事業

次世代の活動づくり
ボランティア資機材貸出
ボランティア活動支援（登録・あっせん・情報提供・保険）
収集ボランティア（古切手、ベルマーク、ペットボトルキャップ）

⑤「ガァリック娘」の取り組み—地域の特産品を活用（第5章）

琴平社協では、さまざまな自主財源づくりに取り組んでいます。ガーリックオリーブオイル「ガァリック娘」は、琴平町の特産品である「にんにく」を活用した商品で、福祉だけでなく、農商工連携に教育の協力を得て、企画・製造（加工）・販売に取り組んだものです。財源づくりとして成果をあげるとともに、地域の人々がいかに協力し、また、それぞれ「利益」を得たかをお伝えしたいと思います。

現在の活動財源づくり
会費（一般会員・賛助会員・特別会員）

寄付受付（一般・香典返し・お誕生募金）
チャリティー作品即売展
「ガァリック娘」販売
不要入れ歯回収
共同募金活動

⑥　最期まで支える仕組みづくり「地域生活総合支援サービス」（第6章）

以上の事業の、いわば集大成の象徴的な取り組みが、「地域生活総合支援サービス事業」となります。

総合的に生活を支える仕組みですが、二〇一四（平成二十六）年にスタートし、いまだに成長中です。

⑦　地域共生社会と琴平町（第7章）

自治体、住民、そして社協の役割の今後を考えます。

第1章

福祉総合相談・支援事業の取り組み

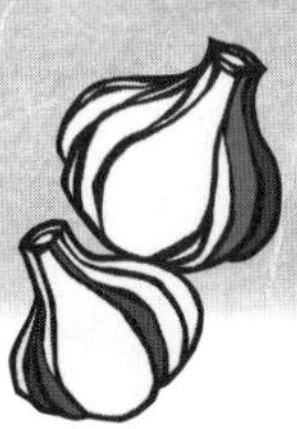

第1章

福祉総合相談・支援事業の取り組み

1 「とりあえず社協に相談に行く」をめざす

「とにかく困ったら社協」「社協に行けば何とかなるかも」という相談窓口をめざそうと、「総合相談」を意識しはじめたのは、一九九〇年代半ばです。「まるで駆け込み寺やなあ」と、取り組みをはじめたころ、当時の民生委員児童委員協議会会長から言われたのを思い出します。

「心配ごと相談」から「総合相談」へ

それまで社協の相談事業といえば、民生委員の方々とともにすすめる「心配ごと相談事業」でした。相談日は週に1回でしたが、さまざまな相談がありました。暮らしの相談や、「誰かに聞いてもらいたい」、あるいは「どこに行けばいいかわからない」といったような内容もありました。簡単には解決につながらないものが少なからずありましたが、民生委員の力による、親身な、安心感を得られる相談事業として定着しました。

　あらゆる相談を受けるといっても、決まった対応がある場合はよいのですが、そうはいかない複雑な問題であったら、福祉だけで、社協だけで解決が困難な問題であったら、つい、かかわりを回避したくなるものです。一九九二（平成四）年から「福祉委員」（82頁参照）による見守りや声かけ活動をはじめて、「何かあれば社協に連絡ください」と依頼するとともに、同時期に地域福祉推進をめざす「福祉懇談会」（民生委員と福祉委員による）を開催し、その後、徐々に「地域福祉懇談会」（84頁参照）を開催しました。そうやって、少しずつ、いろいろな相談が地域のなかからつながってくるようになりました。

　しかし、社会の変化とともに、具体的な解決が求められる相談内容が増えていきました。琴平社協としても、福祉委員の方々が安心して地域のなかで活動できるようにするためには、それに応える体制が必要になりました。また、社協だけで解決できないことや制度にないことについては、住民の目線で発見したことを受け止め、そして解決をめざす仕組みが不可欠です。従来の枠組みを変えることが必要だと感じました。

　そこに大きなチャンスが現れました。それが、一九九一（平成三）年に創設された国庫補助事業「ふれあいのまちづくり事業」（90頁参照）でした。琴平社協では、一九九六（平成八）年から指定を受け、この事業に取り組みました。「社協職員が相談を受ける」ということが、これまでの事業とは違ったことでした。ただ、他分野の専門性が求められる相談にも対応する必要があったので、月に1回、弁護士による法律相談も開設しました。

いつでもどこでも――「まちかど相談薬局」の設置と相談窓口の体制整備

この頃には、介護の相談も次第に増えてきていたことから、町の薬剤師会の協力を得て、「まちかど相談薬局」という仕組みも開始しました。薬局では介護用品も扱っており、買い物に来たときの会話のなかで、薬剤師が健康や介護についても相談を受けます。必要な場合には、

薬局の店頭に、「在宅介護はお気軽にご相談ください」の看板

さらに社協と連携して、制度サービスやその他のサービス利用にもつながる仕組みをめざしました。

住民に利用しやすい相談窓口といっても、社協職員だけでは、月曜日から金曜日、午後5時すぎに終わる事務局の勤務体制で相談を受けるというのが基本となり、それでは、例えば勤めている人や遠隔地に住んでいる家族などが利用するには無理があります。そうした状況でも利用できる相談窓口が必要と考え、いつでもどこでも相談ができる体制に変えることとしました。

具体的には、職員の勤務体制に土曜日の日直勤務を取り入れたことや、「まちかど相談」の仕組み、夜間休日における転送電話での対応など、できることを少しずつ増やしました。ただ、「まちかど相談」については、その後、介護保険制度の開始により社協が介護保険事業者として機能強化をしたことや、地域包括支援センターの設置（行政の直営方式）など、介護保険を中心とした制度が整うなかで、役割が縮小することになりました。「ふれあいのまちづくり事業」は、相談・支援事業に大きな影響を与えましたが、住民の地域福祉活動に対しても同様でした。その内容は第3章で詳しくお伝えします。

2 待っていてもはじまらない～アウトリーチの重視～

「もっと早くつながっていたら……」

数少ない職員体制ではありましたが、それまでもホームヘルパーが「アンテナ」として地域のなかでいろいろな生活ニーズをキャッチしていたことは、非常に重要な意味をもっていました。「誰もが安心して暮らせるまちづくり」をめざしていても、「安心」できる状態や「何が不安なのか」がわからなければ、実践活動として取り組むことはできません。訪問中の何げない会話のなかから発見してくること、あるいは「地域福祉懇談会」や「在宅福祉講座」などで参加している人から聞くこと、そして、事務局でそれを共有することを大切にしてきました。ちょっとした相談が重要で、それが、いわゆる早期発見につながっています。

それでも、「もっと早くつながっていたら……」「状況がわかっていたら……」という事例を思い出します。「社協組織自体がまだ地域社会全体では十分に知られていない。役割が理解されていないのに、ただ待っていても相談ははじまらない。〝相談してよかった〟

につなげるには、こちらからもっと生活の場に足を運ぶしかないのだ」と思いました。

職員による配食で〝顔の見える関係〟をつくる

琴平社協では、食事サービスの配食は継続して職員が担当しています。配食をはじめるきっかけの一つに、地域のなかで支援が必要と思われるが、家のなかに他人が入ることを拒んでいる人に、お弁当を持って初回訪問したということがありました。ホームヘルパーによる支援は拒否されましたが、できたての温かいお弁当は「ありがたい、これはいただきたい」となりました。お弁当を手渡しながら、安否確認したり、健康を気遣ったり、次第に〝顔の見える関係〟ができて、そこから在宅福祉サービスの利用につながりました。

門扉越しに会話しながらお弁当を手渡す職員

そんな時代でした。

「社協」の存在を知らない人とも〝顔の見える関係〟で相談相手になり、必要な制度利用につなげるということが、今でも職員が配食担当を続けている理由です。

また、民生委員、福祉委員（第3章参照）はもちろん、福祉活動にかかわる住民からも声をかけてもらえて、わざわざ職員が足を運ばなくてもニーズが把握でき、気軽に相談がはじまるというようになってきました。

しかしながら、少子高齢化による地域社会の変化と個人情報保護に対する過度な反応によって、生活課題を抱える人や生活のしづらさを抱え、相談すらできない人は、社会のなかでさらに見えなくなってきました。今後は、コミュニケーションが苦手な人や社会生活に必要な情報をもたない人、つながっていない人に対する、アウトリーチ機能、アンテナ機能をいかした相談へのつなぎがますます重要になるのではないでしょうか。

3　相談と支援を結びつける～総合相談・支援事業～

相談を受けることの重み

あるとき、相談に来られた50代の男性から、「俺はここに来るのに勇気を振り絞ってきたんや！」と、帰りがけに告げられました。そうした相談を受けることの重みも受け止めなければ、その人が「相談してよかった」とはならないのでしょう。

その勇気や思いに応える意味でも、さらに対応の精度を上げることが重要だと感じました。相談を受け、解決に向けて、関係機関や専門職の協力を得て支援を行う「相談・支援」の取り組みです。支援（サービス）が相談（ニーズ把握）につながることも多いというのは前述のとおりであり、「相談と支援を結びつける」という表現がぴったりだと思います。

それを実現するためには、事業ごとに「相談・支援」を行うのでなく、社協で実施している生活福祉資金貸付事業、居宅介護支援事業等の相談機能について見直し、琴平社協として、事業別ではなく一体化することが必要ではないかと考えました。まず、相談を窓口の職員が〝受け付け〟、その内容を見極めたうえで、それぞれの事業担当者に加わってもらい、支援に〝つなぐ〟というものです。

社協のあらゆる事業・活動とつながる仕組み

社協に相談に来る人が、利用したい制度や事業をわかっているとは限りません。抱えている問題を自分自身が十分に認識していない人についても、その話を聞いて何が必要かを職員が見極めて、解決に向けていくことが必要です。もちろん、社協だけで解決ができる問題ばかりではありません。

これは、「ふれあいのまちづくり事業」以後の相談事業の取り組みの考え方・方法となりました。相談事業、在宅福祉サービス事業、地域福祉活動等、あらゆる事業・活動が相談窓口とつながりながら、必要な支援を提供したり、制度や他機関につなぐ仕組みとなっています。

解決策を探るなかで、福祉分野だけでなくその関連する領域や、我われも初めて知る制度や機関もありました。町外からの転入者の場合、出身地の行政との連絡や遠く離れた縁者にかかわりを求めることもたくさんありました。制度による解決以上に親族間の感情や、当事者のそれまでの生育、生活歴にかかわることが避けられない事例もよくあります。

4 地域の協力による課題の発見・支援へ

異変をキャッチする住民の力

「社協で話を聞いてくれる、相談に乗ってくれる」と、住民に認知してもらえることは大切ですし、支援を必要とする人やニーズを職員がアウトリーチで発見することは重要ですが、相談事業では、民生委員や福祉委員はもちろん、地域の人々の力も重要です。

新聞販売所やガスの集金係といった人たちからの連絡によって、「相談・支援」につながることも多々あります。すぐに何かの支援につながることばかりではありませんが、状況を把握したうえで、本人の意思に応じて「しばらく〝見守り〟でようすを見ていこう」ということもあります。近隣住民や民生委員につないで、時々職員が訪問して見守りながらようすを見るということもあります。

協力者へのフィードバックが大切

とにかく地域から情報をいただいたら、できるだけ早く訪問し、サービス提供につなげるとともに、地域の力を借りながら、しばらく個別の対応を行い、次のステップを考えるというようなはたらきが重要だと考えてきました。

また、そうしたとき、情報の提供者にその後の状況を連絡することも忘れてはいけないことです。「社協に伝えたけれど後でどうなったのかわからない」というのではなく、お礼とともに活動の報告が必要と考えています。もちろん、個人のプライバシーにかかわるようなことも多いため、慎重な対応が重要です。

これらは当然のことですが、地域の見守りや要支援者への気遣いが続けられるようにするためには、さらに協力していただいている事柄をきちんと位置づけることが大切だと考えます。生活のなかで気づいたことを伝え、見つけた異変に対応するなどの住民の力も、社協の相談・支援機能として位置づけることができるのではないでしょうか。

【事例】支援を拒む世帯へのかかわり

【事例①】警察署から、「住民の通報で高齢者のところへ行ってみたが、社協さんの案件のようだ」という連絡をいただきました。いわゆる、親子（母娘）の「七〇四〇問題」でした。

警察からの連絡を受けたのは夕方で終業時間が迫ったころでしたが、警察官が訪問したときの状況から、食事の課題があると判断して、訪問介護の職員と相談員が、配食用のお弁当を持って訪問しました。

琴平社協では、受託している昼食の配食だけでなく、独自で夕食の配食事業にも取り組んでいますが、そのときはすでに調理は終わっていて、急きょ調製してもらいました。

警察からの情報、訪問したことで見えた課題、そしてその地域の民生委員の情報を集約しながら、その後何度も訪問を重ねました。拒否されることも度々ありましたが、何とか必要な制度につなぐことができました。

親子（母娘）それぞれが課題を抱えており、アパートの大家さんはもちろん、民生委員、県福祉事務所のケースワーカーの協力・協働が不可欠でした。琴平町に住民票がなかったことから、住所地の福祉担当課やその地域の民生委員との連絡や連携も必要になりました。

制度につなぐには、その制度に合わないと活用できないので、制度を利用できる状況を整えていく必要があり、そのために、本人たちの思いを受け止め、それを理解するうえで、そこに至った生活歴や生育歴を知ることも重要です。そして、家庭や家族・親族という枠組みでは解決できない状況に対し、それぞれに必要な支援を柔軟に提供できるものがなければ、その後の自立につながる支援にはなりません。

地域の協力は具体的な労力や物品の提供も大切ですが、こうした支援の過程について、周辺地域の住民に理解していただくことが必要です。住民レベルでの理解や協力、専門職による支援・連携、どちらも課題解決のうえで大切です。


【事例②】あるとき、町内の医院の医師から、電話で連絡がありました。「診察に来た患者さんのことが医師として気になる」というものです。詳しい状況は伝えてはいただけませんでしたが、家庭訪問や本人への面会を求められました。

高齢者の単身世帯で、県外にいる家族からは援助もなく、慢性疾患で十分な療養ができていませんでした。自分から家族に連絡することをためらい、住んでいる地域のなかでは孤立しがちになっているため、必要な制度にはつながっていません。高齢者ではあっても就業者であることから、民生委員による見守りの対象にもなっていませんでした。

社協職員が本人と話し合って、医師とも連携しながら適切な医療サービスを受けられるように支援しました。そこに家族による援助も加わり、在宅での生活を支える体制を少しずつつくっていきました。

「社協に相談に行くといいよ」―その信頼に応える

地域のなかへ支援に入る場合、制度によるサービスが入ることで、それまでかかわっていた周囲の人が遠のいていく場合があります。相談を受けて事務局内で支援の方針を決めて、民生委員や福祉委員、ときには自治会長に参加してもらい、支援会議をもつことで連携・協働の体制を整えていきます。できるだけ、地域の人にもつながっていただけるような調整が必要です。

個人情報保護などの問題があり、むずかしいことも多くありますが、「社協に相談に行くように言ってあるから、頼むで！」とか、さらに、ガスの集金や新聞配達、御用聞きなどの際に、「社協に相談に行くといいよ」と声をかけていただける地域の方々の協力は、とてもうれしく、ありがたいものです。その信頼に応えられる活動をしなければなりません。

重層的な支援ネットワークの構築をめざして

専門的なかかわりが求められていくのですが、それまでの地域の何げない見守りや心遣いが途切れないよう、できれば、ともに支援のネットワークができることが望ましいのでしょう。状況に応じて、重層的に支援ネットワークが構築されるよう、専門職の配慮が必要になると思います。

高齢者に限らず、琴平町に住む人の相談を受け、必要な支援につなぎ、地域で生活が続けられるように、地域の協力も求めることが社協の「総合相談・支援活動」だと考えます。

5 自立を支える重要な制度 〜日常生活自立支援事業、成年後見制度が加わる〜

地域社会の一員としての誇りを保つ、自己決定の仕組み

ひとり暮らしの高齢者が、日常生活で生じる支払いややりくりを次第に一人ではできなくなっていきます。重要な判断が求められるけれど、相談相手がいない、その判断が自分にとってどういう意味をもっているのかさえよくわからない、誰も教えてくれない……、その不安や自分への情けなさ、それらが病気の原因になってしまうことさえあります。そうしたことが日々の生活のなかにあって、将来への不安がますます深まることが高齢者にはあるのです。

そこで、支援を受け、サービスを利用しながら在宅で「生活する」という面への理解が求められます。食事サービス、ホームヘルパーなどによる身体介護や生活支援サービスを提供するだけでなく、地域社会の一員としての役割やその関係性のなかで、それぞれの人が自分自身を認め、誇りに思えることに着目し、それをも支えることが「自立支援」ではないかと考えます。できないことを補うのはもちろんですが、できるように支援するとともに、誇りをもって地域社会に参加できる状態を保持していくのを支えるということが大切です。

社協の取り組みがバージョンアップ

在宅福祉サービスを担当する職員に何でもやってもらうことを期待する高齢者に、励ましや声かけによって「自分でできることはやってもらいます」という方針を理解してもらいます。そうした考え方が「一人ひとりを支える、地域生活自立支援」であることを、住民にも理解してもらえるよう努めることが社協の役割でもあると考えています。

そのためには、高齢者等が自分で決められる相談や支援の仕組みがなければいけません。また、決めるのは自分であっても、声に出して相談するということが、日常生活の継続に必要な要素ではないでしょうか。福祉的に求められた支援を提供するだけでなく、地域社会の一員としての役割や権利を大切にする視点で、支え合う関係性が維持できる支援でなければならないと思います。

そして、そのようななかで、国の補助事業「地域福祉権利擁護事業」*注に先立つこと半年、琴平独自の「日常的金銭管理等支援サービス」(67頁参照)がスタートし、さらに、「成年後見制度」の改正が行われ、このような高齢者の自立を支える重要な制度となり、こうしたことで社協の相談・支援活動は一層バージョンアップされることになりました。

6 ソーシャルワークの発揮 ～生活困窮者自立支援事業の取り組み～

琴平社協は、地域に住む人を対象とし、決して高齢者だけを対象者としてはいないことから、幅広い世代の相談を受ける体制をつくってきました。そして、二〇一六(平成二十八)年からスタートした「生活困窮者自立支援制度」は、それをより充実させることになりました。

この制度では、香川県が実施主体となり、県社協と県内9町の社協で構成する協議会と県との間で委託契約が結ばれ、その相談窓口を社協が担当するという方式でした。これは生活保護制度と同様で、地元行政との直接的な関係はありませんが、担当者レベルで理解や連携を、事例ごとに積み重ねてきました。

幅広い世代から寄せられる、いろいろな生活課題の相談

この制度は、あらゆる世代の、生活のしづらさを抱えた状態にある人たちにとっての「第二のセーフティネット」ということで、包括的に支援する体制が構築されると同時に、寄り添った支援により自立を支えていくという、生活困窮者への新しい支援制度になりました。

それまで以上に、いろいろな生活課題を抱えた人たちが相談に訪れるようになりました。また、民生委員も、「どこで解決できるかわからない」というような相談において一緒に対応することが増えました。

住居の問題、公共料金等支払いの問題、家族関係や友人関係の調整、就労の支援など、次々に必要な支援が増えていきました。

そうしたなかで、例えば、障害者手帳を持たない人には手帳の申請に向けての支援からスタートするというようなかかわり、すなわち制度から漏れている人への対応が相当数見られました。

地域社会には、現実の問題があふれている

この新しい支援制度がはじまるとき、琴平社協では、「生活福祉資金貸付制度」の前身である世帯更生資金貸付制度において「一人の民生委員が一世帯の更生を」と目標を掲げて取り組んだ時代の活動から振り返って考えてみました。

すると、「社会環境の変化や制度の変遷はあっても、必要な支援は変わらない」のではなく、専門職がかかわることの重要性が一層高まってきているように感じました。生活課題が多様化し複雑化している、家庭機能が脆弱化し家族が崩壊しているなどの表現が意味する、現実の問題が地域社会のなかにあふれているという事実をしっかり受け止め、その支援の仕組みをつくりあげる、とても重要な活動です。

生活困窮者への相談・支援には、昔から取り組んできたわけですが、解決に向け、自立に向けた支援の手ごわさを相談現場で感じています。

自立支援とは、地域社会のなかの関係づくり

一人ひとりの尊厳を守り、自立に向けた支援を行うには、まさにソーシャルワーク機能が発揮されなければならないと確信します。人口減少時代のなかで、若年層や現役世代の人々の抱える問題は、高齢者より個別性があるように思います。現在の社会状況に影響されたことで生活困難になった状態ではありますが、それ以上に一人ひとりの抱える課題は複雑なことが多いようです。その人が置かれている環境やそれまでの生活の違いは、高齢者ほどではないにせよ、多様であり、多くの要素が絡んでいるように思います。

本人が困って相談に来る、働いている職場から連絡があるというのも、これまでの相談の経路と違っています。また、医療分野との連携はもちろんですが、社会保障や教育分野との連携は重要です。

たちまち住居確保が必要な場合もあり、身元保証や契約行為の問題など、生活上のあらゆることへの知識やはたらきかけが求められます。相談者が世帯主である場合は特に、世帯全体への支援も視野に入りますから、関係機関・団体がさらに広がることも当然あります。

制度利用につなぐだけでなく、その人が人生と向き合える力を引き出す支援です。担当者だけでの対応ではなく、社協組織としての体制も重要です。社協がこれまで培ってきた地域社会のなかに根づく関係づくりを強みとする支援が可能です。

孤立や孤独が大きく影響しているのは明らかであり、自己決定や自己責任、個人の尊重という権利意識を重視することとは裏腹な状況をふまえた取り組みが必要になっていると思います。問題や課題の本質をしっかりと認識した相談・支援が求められます。

孤立・孤独への対応は、地域社会の力が極めて重要ですが、「生活困窮者自立支援事業」に寄せられる相談を見ると、専門職の対応がより問われているように思われます。地域社会を含め、社会全体に対して社協の役割や社会福祉の専門性が発揮されることが何より重要に思います。

＊注　地域福祉権利擁護事業：国庫補助事業。一九九九（平成十一）年、十月発足。二〇〇七（平成十九）年、「日常生活自立支援事業」に改称。
認知症、知的障害、精神障害などにより判断力が十分でないために、福祉サービスの選択や契約を自らが十分できない人々を利用対象に、次のような支援を行う事業。

・福祉サービスに関する情報提供、助言
・福祉サービスの手続きの援助（申し込み手続き同伴・代行、契約締結）
・日常的な金銭管理（年金の受領手続き、病院への医療費支払い手続き、税金・電気料金等の公共料金の支払い手続き、日用品購入の支払い手続き、預貯金の出し入れ手続き等）
・通帳や証書などの預かり

第2章 在宅福祉サービス事業の推進

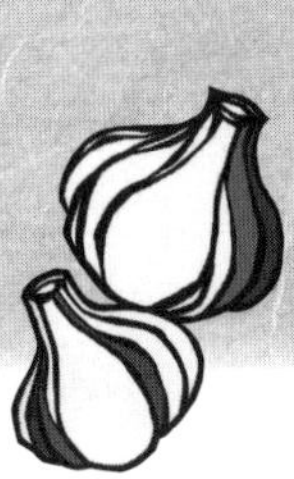

第2章

在宅福祉サービス事業の推進

1 ホームヘルプサービスからのスタート

「在宅福祉サービスから地域福祉を展開する」というのが、琴平社協の基本的な考え方です。これは、在宅福祉サービスを最優先するという意味ではありません。制度・制度外を含め、支援を要する人に、困っていることに対して、個別の支援を行い、あわせて、それだけでは解決しないニーズに対して住民に関心をもっていただき、地域社会がその人を支える状態をつくっていく、という意味です。

その実現のためには、公的な制度としての在宅福祉サービスだけでなく、インフォーマルなサービスが整備されていることも重要であると考え、取り組んできました。

高齢者家庭等への声かけや安否確認が中心だった

社協として最初に取り組んだ在宅福祉サービスは、ホームヘルプサービスです

（一九八三〔昭和五十八〕年から）。本来の制度としては高齢者家庭への訪問事業でしたが、声かけや安否確認のようなことを中心に実施していて、生活支援や身体介護のサービスを提供するということでもなかったように思います。

ですが、高齢者世帯のなかには視覚障害の方や身体障害の方、ほぼ寝たきりの方がいたことから、制度を活用して在宅の障害者の支援のための訪問もしていました。

介護を担う家族も障害や病気であるケース

重度の四肢障害で寝たきり状態の30代の男性のいる家庭のケースでは、介護者であった母親が体調を崩し、十分な介護ができなくなって、社協の支援につながりました。介護者だけでなく、本人の退院介助や、制度利用のための連絡調整が必要になりました。

寝たきりの母親と介護を担っている娘さんの家族のケースでは、娘さんには精神障害があり、介護が十分にできない状況にありました。しばらく在宅のまま支援しましたが、母親の介護も娘の治療も十分にできていない状態で、大きくは改善しませんでした。そこで、行政を含め関係機関との調整を行い、それぞれ、施設入所と入院加療にこぎつけました。

このように、数は多くありませんが、今と変わらない在宅支援の課題がすでに現れていたように思います。もちろん福祉機器や福祉用具のようなものは、まだほとんどありませんでした。

当時のホームヘルパーたちのなかに、看護の資格などをもっていた人がいたことで、こうした支援内容にも取り組めていました。また、そうした在宅で障害がある人の情報は、町の保健婦（当時）の訪問から社協につながったケースもありました。

前述のようなケースでは、最初に、私自身もホームヘルパーと一緒に家庭を訪問して、サービス利用に向けて事情を聴いたり、必要な支援内容について相談したりしました。そして行政担当者に連絡して、ホームヘルパーの訪問がはじまります。まだまだ家族が介護する、お世話するのが当然だった時代です。一つひとつの事例は、今であれば当然、制度で対応できることで、家族だけでお世話できる状態ではなかったと思います。しかし、当時は相談する窓口もなく、家庭訪問時にホームヘルパーが、家族にお世話の仕方を教えたり、家族が大変さを愚痴のようにこぼすのを聴いたりすることが多かったと思います。

その頃、あるひとり暮らしの高齢者には、ホームヘルパーが午後から訪問しているので不思議に思って聞いたことがありました。すると、毎日病院に通っていて午前中は留守なので午後に訪問するということでした。そんなに毎日通院するような病状なのかと尋ねると、「特に治療が必要なのではなく、病院で血圧を測ることと、そこで人に会って話ができるのを楽しみにして行っているようだ」と聞き、驚いたことを覚えています。

このケースでは、「治療が必要でないのなら病院に行かず、ホームヘルパーが訪問して話し相手になればいいのではないか。それに血圧くらいなら測れるのではないか、せっかく看護婦（当時）の資格もあるのだから」といったようなことで調整し、ニーズをふまえた、計画的な訪問をするように変わっていきました。

ホームヘルパーのみに委ね過ぎない在宅支援――「在宅福祉講座」の開催

在宅福祉といっても、一つひとつの家庭の事情は異なり、何を目標にするのかもまだまだわかっていませんでした。ホームヘルパーたちと一緒に家庭を訪問したり、支援について考えたりすることで多くのことを学びました。そして、在宅での生活を希望する高齢者や家族の方々に対してホームヘルパーが献身的に取り組むことだけに頼らない仕組みが必要であると思いました。

また、ホームヘルプサービス事業を実施するということだけでなく、在宅介護について、地域の人に理解してもらうことが重要と考えました。高齢者が増えつつあることから、広く住民に在宅介護の知識をもってもらうことを目的に、「在宅福祉講座」を開催しました。社会福祉を理解するというより、介護者にならなくても〝誰もが年をとる〟という当たり前のことを知ってもらう、特に、同じ住民の立場で在宅福祉に理解を深めてもらうことをねらいとしました。

そして琴平町は、県内でも高齢化率が高く、ひとり暮らしの高齢者が多いことが県のデータなどからわかったこともあり、当時から、地域の情報を伝えること、福祉サービス利用のハードルを下げることなどが急務でした。そのなかで、「福祉委員」制度（第3章参照）も創設しました。すなわち、住民の地域福祉活動との組み合わせを考えたのです。

支援の基本が在宅福祉であることは、最初から今に至っても変わりません。「住み慣れたところでできるだけ長く生活を続けたいという願いを支えるサービスや仕組みが必要だ。制度だけではむずかしい。けれど住民の多くがそうした願いをもっているのだから、それに向かって取り組むことだ」と信じていました。

ホームヘルパーの訪問事業のなかに多くの示唆があり、それを少しずつかたちにしていくこと、在宅生活を支援することから、地域のなかでの生活を支援するサービスにもつながっていきました。

生活上の多様な課題の理解と対応に向けて―専門職の合同研修

地域社会で生活することを支える場合、そのサービス利用者は単に要支援者というだけでなく、生活者であり、消費者であるなど、多面的な姿があることを理解しなければなりません。これまでどおりの生活を継続することで不具合なことや変化を聞きとり、それを補うサービスを組み立てるマネジメントが重要となります。

制度だけで補えないものを〝とりあえず〟社協のサービスとしてやってみる、地域で自立した生活を支援するサービスを、ほそぼそとでも、その人に必要なかたちに整えてきたのが今の取り組みです。

環境を整えるためには、住民意識にはたらきかけるだけでなく、職員にもいろいろな研修が必要でした。さらに、生活リハビリの実践や在宅福祉用具の浸透を図るため、町内の医療機関のリハビリ担当や医療ソーシャルワーカー（ＭＳＷ）、保健師の方々などにも声をかけ、一緒に研修をしました。また後には、ケアマネジメントについても協力して研修に取り組みました。

個人の問題も地域社会の問題

高齢者の多くは医療サービスが不可欠です。ですが、家族が機能していたころには当たり前にできていたことができなくなってきている状況は、医療関係者にはわかりにくかったと思います。服薬確認*注1とか、通院の支援とか、家族がいればできていたことに支援が求められるようになりました。

個人の問題であっても、数が多くなれば社会全体の問題となります。一人ひとりの身の回りから見えてくることなので、住民の皆さんに問題提起したほうが理解は得られやすいと考えました。

ひとり暮らし高齢者に生活の張り合い、楽しみを

高齢期になると、日々の生活にもだんだんメリハリがなくなるようです。ホームヘルパーがしっかりとそうした状況を報告してくれることから、高齢者のわかりにくい心のなかも理解しながら、制度にはないサービスが生まれていきました。そうした方々の生活に、張り合いや楽しみとなる、行事のようなものが必要ではないかということで、お花見をし

たり、遠足や日帰り温泉に出かけたりする行事を年2回ほど企画しました。

また、琴平社協では、「明治大正青年 年忘れ大会」（後に昭和も加わりました）という、ひとり暮らし高齢者を対象とした年末の行事も実施していました。琴平町の土地柄で、初めのころには元芸者さんもいて本格的な三味線と舞の披露や、お座敷芸も飛び出したり、場所をしつらえれば、参加者主体でまだまだ楽しい時間がつくれる時代でした。

その後、この年末行事には婦人会などからも協力があり、皆さんが楽しみにされた行事でした。当日は男性も女性も皆、どこかしらおしゃれして晴れやかな雰囲気がありました。しかし、ひとり暮らしの方が多くなったことや、財政的な理由から、この行事はなくなりました。

そして、行事だけでは埋められない、心身の衰えからくる不安のようなものが少しずつ増えているように思いました。「在宅福祉サービス」という制度だけでなく、毎日の生活を支える仕組みをつくることが求められました。

2 制度だけでは不十分～地域との接点「えんがわクラブ」～

「えんがわクラブ」は、ホームヘルプサービスを利用して、制度により支援をしていますが、それだけでは支援が不十分な利用者に対して気楽に交流する場を提供するサービスとして一九九五（平成七）年からはじめたものです。社協の事務局がある地域福祉ステーション[*注2]の一画を使い、月曜から金曜の日中に開いています。

現在の介護予防、認知症予防の取り組みにつながる活動

ホームヘルパーの週1、2回の訪問だけでは対応できないところがありました。他者からのかかわりや支援がないことで明らかに状態が悪くなることが予想される人、長年のひとり暮らしで生きがいや意欲を失っている人などです。今であれば、認知症予防、うつ予防、老老介護支援ということになるのでしょうか。

当時はまだ措置制度のころで、デイサービスも十分になかった時代です。ホームヘルパーの間では、「自分たちの訪問サービスだけでは足りない。このままでは支えきれないのではないか」という焦燥感があり、真剣な話し合いが行われました。

そのようななかでの、高齢者夫婦のみの世帯の「老老介護」の事例です。

子どものないご夫婦で、妻に認知症の症状が現われてからも、夫が支えながら、親戚の応援もあって、生活ができていました。しかし、夫が亡くなってしまい、夫の妹による、結局は「老老介護」となりました。相談内容は、すぐに制度で対応することはむずかしいため、「制度で対応するまでの数日を支援できないか」というものでした。

今も記憶に残る方です。まだ認知症を「痴呆」と表現していた時代でした。初期の〝まだら〟の症状でしたが、成育歴や生活歴から入所施設での生活には全くなじめず（それでも何度も繰り返して挑戦しましたが）、結果的にこの方は、入所施設を利用することなく亡くなられました。アルツハイマー型認知症という、私にとって初めての病名が担当の精神科医から告げられました。この事例以降、精神科の病院との連携や支援が在宅福祉サービス事業の実施において増えていきました。

人との接点、ふれあえる空間をつくる

そのようななかで、「えんがわクラブ」の構想は生まれました。「えんがわ」というネーミングは、板張りで座敷の外側にあり、外部の人との接点にもなる場所、交流の場所であ

るという日本家屋固有の縁側からきたものです。気兼ねなく交流できる場所、いろいろなものとふれあえる空間といったようなことを意図していました。

ホームヘルパーの訪問という制度だけでは対応ができていない、何か他の対応が必要という人に対し、実験的ともいえる取り組みでした。その当時は、ひとり暮らしがむずかしくなったら施設入所を考えるというのが普通でした。

しかし、高齢者の在宅生活を

えんがわクラブにゆうゆうクラブの子どもたちが「一緒にお手玉しよう」とお誘い

支援するサービスのあり方をホームヘルパーたちと検討するなかで、「日中一人で家にいるより、他人同士でも大勢でいたほうがよいのではないか」「何か刺激になるはず、とにかくやってみよう」ということではじまったものです。

できるだけ長く在宅生活を続けることを支援するのが目的ですが、場所や予算が特別に確保できているわけではありませんでした。とりあえず、社協への送迎と食事を準備して、近くにあった老人福祉センター（町直営）の無料入浴サービスを利用するというのが、サービスの組み立てでした。

「みんな一緒やなぁ」―孤立感・孤独感の解消

まずは、ホームヘルパーが訪問のシフトを工夫して、当番で対応しました。おしゃべり、昼寝、軽作業などを交えながら一日を過ごすというもので、サービスを提供するというよりも、参加者同士の交流や「こんなことがしたいけれど一人ではできない」というようなことを一緒にすること、人の気配を感じることを大切にして過ごすというくらいの内容でした。

しかし、これが参加者の気持ちに響き、次第に「自分と同じような人がいるんや。みんな一緒やなぁ」「年とったらしょうがないけれど、もうちっとがんばらないかんなぁ」といった言葉が聞かれるようになりました。

今、孤立・孤独の問題が言われていますが、高齢者にとってはいつの時代にもある課題です。現在は「えんがわクラブ」の取り組みに、「行って話をするのが楽しみ」と言われるようになってきました。孤立感や孤独感が解消したことで意欲が出てきたり、食欲にその変化がみられるということがはっきりとわかり、こうした取り組みが必要であると確信することができました。

福祉への理解の高まりが、参加・協力につながる

住む家があれば、買い物、食事づくり、清潔な空間を保つことや環境整備といったことはホームヘルパーの派遣で対応できます。しかし、精神的・心理的な面での支援はどうするか。さらに、健康や社会関係を含む、生活の全体に対する支援がその人の状況に応じて用意されていることが必要です。在宅でも入所施設と同じような支援があるというのがめざすところでした。この取り組みで、週に2、3回、1時間程度訪問するだけではわからないことや、一人のヘルパーだけでは見えないことが見えてきて、課題の解決に向けての

はたらきかけやつながりとなっていきました。

そして認知症への対応についても、次第に可能になっていったと思います。医師に「えんがわクラブ」に往診していただいたこともありました。家族がいなくても、ホームヘルパーや職員に聞けばようすはわかるからと、足を運んでいただいたのです。

また、この「えんがわクラブ」の取り組みの対象は、高齢者に限定したものでなく、在宅で閉じこもりがちな中途障害のある青年や単身家庭の児童なども含まれていました。まさに、縁側に集うようにと設置したものが力を発揮しました。

3　ヘルパーの要望から生まれた「日常的金銭管理等支援サービス」

既存のホームヘルプサービスで対応できないニーズ

「日常的金銭管理等支援サービス」については、第1章（福祉総合相談・支援事業）で述べていますが、実はホームヘルプサービスを実施するなかで起きていた課題から、一九九八（平成十）年四月にはじまったものです。

当時、ホームヘルパーに「預金を払い出してくれ」とか、「通帳を預かってくれ」といった要望が出てきました。信頼関係があるからこその要望ですが、ホームヘルパーの業務として担うことには困難が予測されました。人によっては「家族に内緒で預かってほしい」などという要望もありました。

かつては金融機関の外交員が日常的に家を訪問して、貯金の預かりや払い戻しもやってくれていました。しかし、そうした金融機関のサービス内容が次第に変わり、現金は窓口に行かないと払い戻されなくなり、集金にも来てくれなくなりました。移動が困難になってきている高齢者や物忘れがはじまった人には、特に混乱が生じました。

こうした状況は、民生委員からの情報や相談にもありました。高齢者も混乱するけれど、金融機関の方も困っていたようです。そして、本人だけでは心もとないときには、民生委員はもちろん、自治会長の立ち会いによることもありました。遠方の親族から依頼があったこともあります。

それで、生活を支援する仕組みとして対応することが必要だとの判断に至り、このサービスをつくったのです。

制度に先んじた、琴平社協の「日常的金銭管理等支援サービス」

日常的にはホームヘルパーを含め複数の職員で担当していましたが、社協として預かり、金融機関にも代理人届を出しました。また、弁護士からの助言で、本人との委任契約を結びました。

これは、半年後に制度化された、「地域福祉権利擁護事業」（現在の事業名称：日常生活自立支援事業、琴平社協では二〇〇八〔平成二十〕年に受託開始）とほぼ同じ内容の事業でした。ただ、この制度がはじまった当初は、広域での実施のため、新制度を利用するより、従来の琴平社協の「日常的金銭管理等支援サービス」を使うことが多く見られました。

解決すべき課題やその取り組みの目的を共有できる関係機関や団体の協力が、こうした取り組みがすすめられる条件です。決して社協だけで取り組むことができるものではないのです。「ふれあいのまちづくり事業」などを通じて社協のはたらきや存在が認識されたことも重要であったと思います。

現場の切実なニーズに基づいて自らはじめたものとして、意義ある決断だったと考えています。地域のなかで暮らす高齢者の生活を守り、その人の意思を尊重することが、社会の一員として存在を支えることであり、社会参加しているという充足感をもたらすのだと思います。できれば、前向きな意欲をもって生活が続けられることを望んでいますが、老化する心身の機能を支えるサービスもまた、必要なものです。

4 食べることの大切さ～食事サービス～

「みんなで食べるごはんはおいしい！」―孤食に対する取り組み

「食べること」の支援も、ホームヘルパー派遣のなかからでてきた課題に取り組んだものです。

春や秋にホームヘルパーが担当するひとり暮らしの人たちと一緒に、お弁当を持って〝お出かけ〟をします。そんなあるとき、「みんなで食べるごはんはおいしいなあ」という、ひとり暮らしをしている男性の言葉から、ひとり暮らしの方の多くは三六五日、三度の食事が孤食であることに気づかされました。この言葉が会食サービスをはじめるきっかけです。

当時、町行政が施設に委託していた会食は利用者負担がないものの、小人数を対象としていました。

しかし次第に、ひとり暮らし高齢者が増えてきていました。夏場には、救急車で病院に運ばれても点滴すれば回復する高齢者も時々いました。空腹感を満たせばいいというような意識で食事をしていたため、栄養がとれていないケースでした。健康に過ごすために栄養のあるものを食べるというより、〝ぜいたくな食事〟を盆正月、お祭りのときに食べるという感覚です。

食事への意欲が薄れている高齢者

ひとり暮らしの高齢者が家で倒れていて、救急車を呼んで病院に付き添ったときのことです。「十分に食事をせずに過ごしていたからで、2、3日入院して点滴したら大丈夫」という診断でした。繰り返されるこうした状況に、食べることへの支援の必要性を強く感じました。

ひとり暮らしの人がどうしたら楽しくごはんが食べられるのか、いろいろ考えました。高齢者向けの料理教室も実施しましたが、実生活に大きく貢献できるプログラムにはなりませんでした。とにかく健康が維持でき、かつ楽しく食事ができることが必要だと思いました。

そんな思いを後押ししてくださったのが入所施設の施設長で、「年寄りの楽しみは食べることや。たくさんでなく、季節のはしりの食材を提供することが喜んでもらえる」「ほかに楽しみはなくなってくる。しっかり食べて元気で暮らしてもらうことが大事」といったことを話してくださいました。

まだまだ有料の福祉サービスが少ないころでしたが、利用者にわずかでも費用を負担していただいて、対象を広げて食事サービスができないかと考え、高齢者の生活を支える食事サービスができるようにするため、調理をはじめその仕組みを模索しました。

会食サービスをはじめるまでに、まず、その施設長から「調理は施設で可能な範囲で担当しよう」と申し出ていただきました。高齢者にとって食事の重要性を一番理解している方の応援は心強かったです。

利用者、会場、運営などすべてが一からはじめることでした。町行政からは、社協の独自事業として実施するならばという返答が得られ、老人福祉センターを会場として活用でき、財源には共同募金も活用できるようになり、そうしてようやく会食サービスをはじめることができました。

利用は週1回からでした。利用希望が増えてきたことから、施設での調理が困難になりましたが、婦人会組織の協力を得て少しずつ実施回数が増えていきました。

会食から配食へ、さらなる広がり

会食サービスから配食サービスに広がったきっかけは、ひとり暮らしであってもホームヘルパーの訪問には抵抗があって利用しない、でも食事づくりや買い物に困っている、お弁当のサービスはほしいという男性の高齢者の要望でした。

また、会食サービスの利用者が体調の急変や天候不順で参加できないときに、訪問して

会食サービスの会場は老人福祉センター

届けたことで利用者の生活が垣間見え、制度利用につながることもあったからです。

琴平社協の食事サービス事業（配食・会食）は、現在も町内の女性団体による調理ボランティアの参加で続けられています。配食は職員が担当し、配食を通じて、利用者だけでなく地域のニーズキャッチ機能を担っています。

5 活動をとおして把握した課題から支援が生まれる

共通のニーズ、地域全体の課題を明らかにする

以上のような展開は、在宅福祉サービスを戦略的に展開する事業型社協*注3という考え方から学びました。ホームヘルプサービス事業のなかで気づき、別の課題から一人ひとりへの対応だけでなく、同じような人たちにも必要な支援と考え、サービスを開発してきました。また、個別支援をとおして、地域全体の課題を明確にしてきたということもできるでしょう。

しかし、この展開についてはもう少し深めて考えなければなりません。

介護保険サービスがはじまることで、訪問介護事業、居宅支援事業、福祉用具事業に社

協も取り組みました。そして、ホームヘルパーの活動が大きく変わりました。支援を必要とする人に対する初めの訪問から変わらなければいけなくなりました。ニーズキャッチ、アウトリーチという役割を引き続き意識していましたが、制度ができ、とにかく社協自体がこの制度に取り組む体制を組織としてつくらなければなりませんでした。

軸足は介護保険制度にしっかりと乗せました。しかし、一方で、地域福祉をすすめる組織が介護保険だけでないことは十分承知していましたし、体制がほぼできていることで、その後を考えることが必要と思っていました。

「本来の姿に返れ」—住民主体の福祉活動こそが必要とされている

制度開始から1年後、「地域座談会」のなかでのことです。会合のなかで、「そろそろ社協の本来の姿に返れ！」という発言がありました。衝撃であり、ありがたかったです。こうした住民の理解や期待に応えることが社協の一番大事なことだと思います。「ありがとうございます、これからもよろしくお願いします」「皆さんでできることはお願いします、社協も職員はしっかりがんばります」。居ずまいを正し、声を張って答えました。

この章の冒頭で述べた「在宅福祉サービスから地域福祉を展開する」という基本的な考

え方を、住民の方々にもよく理解していただいたということです。
そして、こうしたやりとり、キャッチボールを繰り返すことが大切だと職員には言っています。「住民に支えられる社協でなければ、こんな小さな社協はいつでも消えてなくなる。住民が『いらないよ』と言ったら、社協の役割はないよ」。
住民、地域社会にとって必要な組織でなければ、地域福祉をすすめるという役割は果たせないのではないでしょうか。

住民の福祉活動については、第3章、第4章で述べることになりますが、琴平社協の歴史は、住民の声に押されながら、住民の福祉活動と在宅福祉サービスが特にニーズの把握、相談というところで互いにつながりながら、発展してきたということだと思います。

＊注1　服薬確認：琴平社協では、薬を自ら飲むことが確実にできない高齢者に、ホームヘルパー、その他の職員が必要に応じ一日1〜3回訪問し、薬を飲むことを確認するサービスを実施している。介護保険外の自主事業として実施。
＊注2　地域福祉ステーション：社協事務局がある建物を「地域福祉ステーション」としている。「住民

参加による地域福祉推進が重要ということであれば、その拠点がいるのではないか」という社協の評議員会などの意見から、閉園した町立保育所を一部改修し管理委託として利用している。食事サービスの調理や通所入浴や「えんがわクラブ」など在宅福祉サービスの拠点としてだけでなく、研修室、会議室や資機材倉庫として利用している。

＊注３　事業型社協：平成六年度に発行された「『事業型社協』推進の指針」において提唱されたもの。
同指針では、次のように定義している。

「住民の具体的な生活・福祉問題を受けとめ、そのケースの問題解決、地域生活支援にすばやく確実に取り組めるよう、次のことを行う社協を『事業型社協』という。
①総合的な福祉相談活動やケアマネジメントに取り組み、②各種の公的福祉サービスを積極的に受託し、それらを民間の立場から柔軟に運営しつつ、③公的サービスでは対応できない多様なニーズにも即応した新たな住民参加型サービスを開発・推進し、④小地域での継続的・日常的な住民活動による生活支援、ネットワーク活動、ケアチーム活動等に取り組むとともに、その問題解決の経験を踏まえて地域福祉活動計画の策定と提言活動の機能を発揮し、このような事業・活動を通して住民参加を促進し、福祉コミュニティ形成をすすめる。」

第3章 住民主体の地域福祉活動の推進

第3章

住民主体の地域福祉活動の推進

1 社協の設立と同時に住民会員制度を開始

琴平町は狭小な町ですが、古くから「讃岐のこんぴらさん」として多くの観光客が全国から訪れる町です。一九五〇年代初めのいわゆる「昭和の大合併」で、近隣の4町村が合併をしてできた町です（町村合併）。「平成の大合併*注1」での合併はありませんでした。

このような、歴史や特性が住民生活に密接にかかわって、琴平町のすすめてきた地域福祉も特徴をもっているということができます。

琴平社協は一九八三（昭和五十八）年に設立されました。設立当初、住民会員制を取り入れることとなり、町内を組織していた自治会を基礎として、会員加入を依頼しました。具体的には、自治会連合会の協力を得て、単位自治会ごとに訪問し、社協会員加入について、説明、依頼を行いました（自治会といっても、それまでの講中《こうぢゅう》*注2などが関係していて、四つの地区ごとに異なる複雑な構造になっています）。ほぼ全世帯が自治会に加入していたと考えられる状況であったので、自治会連合会や自治会に理解を求めることが社協活動、地域福祉活動の推進には重要であり、自治会をとおして住民に理解を求めることが町全体に広がる方法だと考えました。したがって、社協会員加入については、自治会で取りまとめ、会費も集金していただくことをお願いしました。

社会福祉は一般の人には関係ないととらえられていた時代

こうしたことから、自治会単位でまず住民同士の助け合いができる体制をすすめていくこととし、屋上屋を架さず、既存の組織に機能を加えていくことにしました。しかし、すでにある組織に一方的に仕事だけ増やすということではすすまない、理解がともなわなければ実質的なものにつながらないと実感しました。

会費を集めることについても、何度も説明を重ね、お願いをしました。何度も足を運び、顔を合わせることで、社協の内容がいま一つ理解できなくても協力してくれるという関係で、何とかつながったという状況でした。まだまだ、社会福祉は一般の人には関係ない仕組みととらえられ、「できることには協力してお手伝いします」というくらいにとどまっていました。

2 「福祉委員」制度で地域の見守りを推進

しかし、この状態を一九九二（平成四）年からはじめた「福祉委員」制度が変えていくことになります。

琴平町は、もともと高齢者の単身世帯が多いことが特徴でした。これに着目し、そうした高齢者の「見守り活動」の協力者として「福祉委員」を自治会に設置することとしました。生活の範囲のなかでの見守りや日常のなかでの声かけで、安否確認を担っていただく役割でした。ただし、社協が候補者を決めてお願いするのではなく自治会ごとに相談協議し、決めていただき、自治会長名で推薦して、社協会長が任命するという仕組みにしました。

民生委員の協力者と位置づけ、委員は自治会が選出し、社協が任命する

福祉委員は、一期3年で約30世帯に1人の割合を目安に自治会で選出してもらい、身近なところで「声かけ・見守り」を中心に支え合い活動に取り組む体制にしました。無給のボランティアという位置づけです。

全国の取り組み事例からは、福祉委員と民生委員の間には、機能や分担について誤解も生じ、場合によってはいろいろな問題があるということが事前にわかっていたので、民生委員との役割分担、連携については、慎重にすすめました。

民生委員活動のなかでひとり暮らし高齢者を見守る活動が次第に重要になってきたものの、「民生委員だけでは困難ではないか」といった意見も出され、今後に向けた見守りの体制が必要だと関係者は考えていました。このようなことを背景に、「福祉委員」の役割を民生委員の協力者としての位置づけを明確にするとともに、民生委員と福祉委員の協力が順調に問題なくできるようにするために、〝顔合わせ〟や意

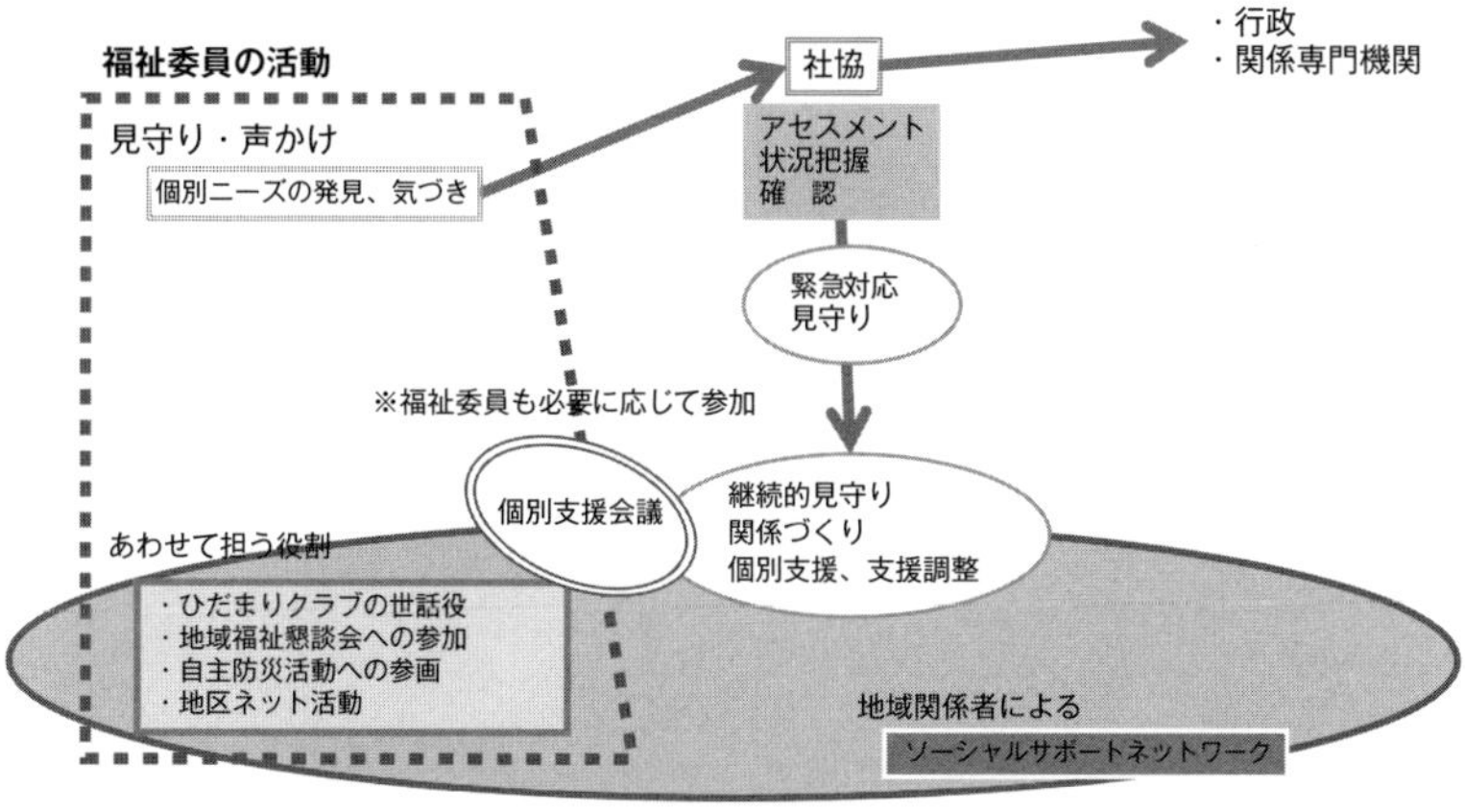

図　福祉委員の活動と地域・社協との連携

見交換などの機会をつくり、相互理解をすすめました。
そうした取り組みが、次項の「地域福祉懇談会」の設置にもつながります。

3 民生委員、福祉委員、自治会長で構成する「地域福祉懇談会」開催へ

どのように協力できるかを話し合うなかで、意識変化と相互理解へ

民生委員と福祉委員は、設置主体（委嘱や任命）は異なっていても、実際の活動の多くが重なるので、身近な範囲で活動するには、当然、相互理解が必要であり、お互いに協力者であることを実感することで、より有効な取り組みができると考えました。

そこで、民生委員と福祉委員の連絡会議のつもりで意見交換の機会をもちましたが、福祉委員からは、「福祉活動を理解して協力してもらうために、ぜひ自治会長にも参加していただきたい」という声があがり、二〇一〇（平成二十二）年から、民生委員（1名）、福祉委員（各自治会単位で1～数名）、自治会長（1名）の三者の参加による「地域福祉懇談会」の開催をすすめました。

何より住民同士の助け合い活動として、情報を確認するというより、活動者自身が「誰とどのように協力できるか」を確認する場となりました。

自治会長職を1年ごとの輪番としているところ、任期を決めているところ、任期は決まっていても再任で長く自治会長が変わらないところなどがあり、当然、自治会長としての意識にも違いがみられましたが、この会議をとおして、それぞれの福祉への意識も変わっていくことになりました。

また、福祉委員からも、2期目ごろから「福祉委員としてもっと責任のある仕事、役割がないだろうか」という意見が出されるようになり、こうして「地域福祉懇談会」が機能するようになっていきました。

地区ごとの「地域福祉懇談会」のようす

4 活動の基礎を担う自治会

自治会の組織率の低下のなかで

「地域福祉懇談会」は、その組織も活動も、自治会、民生委員、福祉委員に支えられています。そして、民生委員、福祉委員も自治会に支えられていることをふまえれば、自治会そのものの組織率の低下は大きな課題となります。

近年は、全国的に自治会の組織率が低下してきています。高齢化が進展している琴平町にとっても、この問題は深刻であり、住民活動の基礎部分に大きくかかわってきました。

若い世帯が自治会に加入しないというのは、以前からその傾向がありました。特に共働き家庭は、地域との関係が薄い傾向にあります。行政情報は自治会の加入・非加入にかかわらず提供されるといったことで、強制力もないままです。

それに加えて、高齢者が自治会を退会することが多くなっていることが影響しています。高齢化し、家族構成員が少なくなり、高齢者のみの二人世帯や単身世帯となって、自治会活動に参加ができないことや活動を負担に思う方が増えてきたためと思われます。

住民に身近な活動の基礎はやはり自治会

住民組織である自治会のあり方は、琴平社協にとってはやはり大きく影響することです。法人設立当初から一般会員として世帯加入の推進に協力いただき、一般会費徴収についても自治会で担当していただきました。共同募金も、戸別募金では一部、民生委員と事務局が戸別訪問する小地域もありますが、ほぼ自治会で引き受けていただくことが多くなってきていました。

地域福祉をすすめるなか、民生委員に頼った活動だけでは、増加する高齢者や単身世帯への対応が困難になったことから、前述の福祉委員制度が〝自治会選出〟ではじまるのです。今年度、二〇一九（平成三十一）年四月から第10期「福祉委員」の任期がはじまりました。

住民にとっての身近な活動の基礎は、やはり自治会だと考えます。

また、近年になって大規模災害に対する備えが地域社会のなかでも大変重要になってきました。しかし町全体には、自然災害に見舞われることも少なく、災害に対する関心も比較的低いという雰囲気があります。それでも、阪神・淡路大震災（一九九五〔平成七〕年）

以降の各地の状況や公式の災害情報、毎年の異常気象による豪雨など、想定されない状態が増えてきたことから、次第に災害に備える活動の必要性が認識されるようになってきました。

「災害時要援護者台帳」の作成にあたっても、それまで自治会と民生委員の協力により作成してきた「緊急連絡カード」に、行政が加わるかたちで取り組まれることになりました。

これからの高齢社会においては、ますます生活場面での支え合い活動が重要になり、その必要性を住民が理解し、主体的な取り組みとして位置づけていかなければ、生活も命も守れないことになると考えます。

5 住民参加から住民主体へ

住民が福祉を自分のこととしてとらえられるようになること

そして、琴平町での住民主体の活動づくりへの本格的な取り組みは、前述のように、国庫補助事業「ふれあいのまちづくり事業」の指定を受けた一九九六（平成八）年からはじまりました。県内でも多くの市町社協が実施していました。ただ、かなり大型の補助金事業になるので、地元行政の費用負担の問題があって、なかなか取り組める状況ではありませんでした。

しかし、この事業は、琴平社協の会長に就任した山下正臣町長（当時）からの「琴平の福祉施策の遅れを取り戻すには、ハード面では課題も多く、なかなかすすまない。ソフト面からでも取り組むことができないか」という問いかけにより、大きく動くことになりました。

この事業のめざすところは市町村ごとに地域福祉を総合的に推進することであり、指定期間は5年で、3年目に評価を受けてその後の継続が決まるというもので、その後、二〇〇〇（平成十二）年まで続けられました。

住民参加、住民主体ということは簡単ですが、「どうすれば住民自身が福祉を自分のことととらえることができるのか」に悩みました。

前述のように、このころには、食事サービスも会食型・配食型がはじまっていましたし、また、福祉委員の活動、特に、高齢者の見守りを担っていただく活動がはじまっていました。社協の呼びかけに応じて、参加・協力していただくことができていた、ということができると思います。しかし、呼びかけたら参加はしていただけるけれども、本当に自分のこととして考えるまでに至るのはむずかしいと感じました。ただ「やりませんか」と言っても、「忙しいから無理だよ」という返事が来てしまうこともありました。

ふれあいのまちづくり事業

「ふれあいのまちづくり事業」は、次のような構成となっています。

【目的】「ふれあいのまちづくり事業」は、市区町村社会福祉協議会（以下、「市区町村社協」という）が実施主体となって、地域住民の参加と市区町村や福祉施設等の関係機関との連携のもと、地域に即した創意と工夫により具体的な課題に対応するとともに、住民相互の助け合いや交流の輪を広げ、共に支え合う地域社会づくりに寄与することを目的とする。

【事業内容—総合相談・援助】住民の各種の相談に応じるとともに、相談を通じて見出された課題に対して、ニーズに即したサービスの提供や関係機関との連携による対応を行うなど、一貫、継続してその対応に当たる。

【事業内容―地域生活支援事業】ふれあい福祉センター等において把握されたニーズを有する住民、世帯等に対し、生活支援のためのネットワーク等を形成し、見守りから具体的な課題の対応まで幅広い分野にわたる生活支援を継続的に実施する。

このように、「ふれあいのまちづくり事業」は、相談・支援、個別の生活支援、そして住民の福祉活動をつなげるものとなっています。琴平社協は、この内容を存分にいかし、社協事業を展開しました。

6　地域福祉をすすめる住民、専門職の二つのネットワーク

地域福祉の仕組みとして、住民によるネットワークとそれを支える専門職のネットワークの二つがつくられることで、初めて包括的な支援が可能になると考えています。

「地区地域福祉推進連絡会（地区ネット）」の設置（二〇〇三年～）

住民によるネットワーク活動は、専門職が役割認識や職業上の責任において取り組むものとは異なり、住民が理解と納得のうえで主体的に動きだすには、時間が必要であり、〝待

つ〟姿勢が必要です。

また、「ともに助け合う」という行動や活動には、住民がアイデンティティーをもてる範囲を確認することが重要と考え、また、琴平町は小さな自治体ではありますが、町が編成された歴史や生活文化が影響している（今から60年ほど前の昭和の大合併以前の町村、それが住民のなかには根強く残されている）という判断により、四つの地区に「地区地域福祉推進連絡会（地区ネット）」を設置しています（二〇〇三〔平成十五〕年より）。

なお、四つの地区とは、琴平地区、榎井《えない》地区、五條地区、象郷《ぞうご》地区です。

一九九六（平成八）年に「ふれあいのまちづくり事業」を開始した段階では、まだこうした「地区ネット」の活動に取り組むことはできていませんでした。ただ、〝小地域活動の活性化〟として、民生委員や福祉委員、自治会長等による、支援が必要な人に対する個別の見守りや支援につながる情報共有のネットワークはつくっていました。そして、その成果をふまえ、地域のなかで連携がとれる関係づくりをすすめました。〝点と点をつなぐ〟ことから〝面をつくる〟ネットワークづくりへの変換です。

支援が必要な人を支えることを目的としたネットワークも大事ですが、それ以上に、どんどん高齢化がすすむ町の状況を住民自身が理解し、今後に向かって地域をどうするかを考えることができる〝地域ネットワーク〟が必要だと思ったからです。

「平成の大合併」では、琴平町においても隣接する町との間で合併をすすめる協議はあり、社協もそれにあわせて、社協間での合併の協議を重ねていました。そうしたなかで、「合併することで、これまで積み上げてきたことや将来に向けての活動は大きく変わらざるを得ないだろう。小さな自治体では今までのように、この地域のことだけを考えていくことは困難になるだろう」と思っていました。町民性や地域の特性からの予測でした。

そして、住民自身がもっと自分たちの住む地域や生活のこと、環境のことなどを考え、取り組むことができる、組織や体制づくりが急がれると思いました。社協活動のなかからだけでなく、こうした社会の動きからも、地域福祉の視点での地域づくりが重要になってきたと考えました。

結果として、合併は行われませんでしたが、そのときの検討は、地域づくりを考えるうえで重要な意味をもちました。

二〇〇〇（平成十二）年からの介護保険サービスの開始も、そんな思いを強くするものでした。狭小な地域のなかで、ホームヘルパーを含む社協職員が地域に足を運び、支援の必要な人に必要なサービスをつなぐことで、地域のなかで何とか生活が続けられるような支援活動を行ってきました。制度にある在宅福祉サービスだけでなく、一人ひとりに求められる支援をできるだけ住民の協力を得ながらすすめていったのです。

住民目線で一緒に考え、話し合う仕組み

介護保険以外の在宅福祉サービス事業の実施もまた、こうした社会や制度の変化から住民自身が現状を理解し、自分の生活や生き方について考える機会となったと思います。

制度や施策の変更が自分たちの生活にどのように影響するのか、今までと何が違うのかを、住民の目線で具体的に伝えることが地域福祉を住民主体ですすめるために必要なことの一つと思います。社協がそうした情報を伝え、住民の皆さんと一緒に考え、話し合う仕組みを構築することが大切であり、将来の町の姿を予測し共有できるネットワークをつくることが必要だと思いました。

要介護度や認知症が重くても、身寄りや血縁者のいない、ひとり暮らし高齢者や〝老老介護〟の高齢者夫婦でも、地域で生活していけるよう、そうした人々を支えるために、民

生委員や福祉委員、隣近所の住民が支援ネットワークをつくり、見守り、支える実践が次第に増えてきました。しかし、そうした人々の地域での生活を支えるには、社協だけでは不可能です。近隣の住民はもちろん、友人たちの理解・協力などを含め、その人の毎日を支える〝面〟が求められます。在宅で生活することが地域社会に理解され、認められることが必要となります。

支援を必要とする人のためのネットワークは、それぞれ構成メンバーも違い、同じものはありません。

小さな町琴平でも、住んでいる人が自らアイデンティティーをもつ地域、その感覚（帰属意識、愛着や一体感）とでもいう意識を無視することなく、その地域ごとに生活課題を共有し、その解決に向けた活動に取り組むことが、住民として地域に溶け込み生活するということだと思います。

「地区ネット」は、そうした住民の心情に寄り添い、地域性を大事にすることで、住民のやる気も期待できる仕組みです。こうした住民による「ともに生きるネットワーク」を地区ごとに構築することが、住民主体の地域福祉につながると考えました。

専門職のネットワーク「医療保健福祉関係者連絡会」（一九九七年〜）

一方で、住民のネットワークを支える存在としての専門職のネットワーク「医療保健福祉関係者連絡会」があります。この連絡会も「ふれあいのまちづくり事業」を契機に、社協が呼びかけて組織されたものです。

琴平町には多くの医療機関がありますが、すべて個人の開業医でした。介護保険制度の創設により医療と介護が一体的に提供でき、これまでとは違う関係性がつくられることになりました。小さな町で高齢化も進んでいることや住民生活の身近なところに医療機関がたくさんある状態においては、介護保険制度開始に際して医療分野とも連携することが重要だったのです。

この連絡会には、町内の開業医、看護師、歯科医師、薬剤師そして行政の保健師や福祉担当者、民生委員、施設関係者にも参加いただきました。当初は、当時の医師会長が社協事務局に来られ、社協が何を目標とするのかを問われたこともありました。しかし、必ず何人かの医師の参加も得て、在宅で医療サービスを必要としている事例を検討する場をもったことで、相互理解がすすみました。多職種で一緒に制度改正について学ぶプログラムなどをとおして、次第に参加者同士の顔の見える関係がつくられてきたことは大きな成果でした。

また、医師会長らからも「こうした取り組みはよいなあ、これからが楽しみだねえ」と積極的に支援をいただくようになりました。年1回の開催でしたが、実際に一つひとつの事例に対し、それぞれの医療機関とも連携しながら、患者であり利用者である住民への支援ができるネットワークになっていきました。

事例検討で相互理解を深め、多職種連携を促進

事例を通じてそれぞれの専門職がつながり、顔の見える関係がつくられることがポイ

医療保健福祉関係者連絡会のようす

ントです。同時に、その事例の当事者を地域で支えるには、住民によるネットワークがつながることが不可欠です。その両方をつなぐ機能をもつ社協は、その役割を果たさなければなりません。

前述のように、地域での自立生活を支援するためには、単に、医療だとか保健や福祉といった専門分野のサービスがあればいいということではなく、地域で住民の一人として生活が続けられる環境や関係性が必要です。

そして、年齢に関係なく支援を必要とする人は、住むこと、仕事や活動の場、子どもには教育の問題も含め、その人の権利を守る視点が大切です。福祉だけでなく、異なる分野の高度な専門性との連携が必要です。二〇〇九（平成二十一）年から取り組んだ「法人後見事業」では、裁判所や弁護士との連携が鍵となりました。

このように、地域福祉をすすめるための住民のネットワークを基礎にしつつ、それを支える専門職のネットワークをつくり、二つをつなぐことが社協にとって重要な役割と考えてすすめてきました。

7 小地域の基礎的活動 〜ふれあい・いきいきサロン「ひだまりクラブ」〜

琴平社協では、「ひだまりクラブ」という名称で小地域単位のふれあい・いきいきサロン活動を展開してきました。

この活動を開始するにあたって、まず、地域の集まりで社協から説明しました。その後、自治会などから声がかかると説明に出向き、事業実施を呼びかけました。地域でも、高齢者が多いところや、地域リーダーがいるところは反応があるのですが、やはり全く無関心なところもありました。

また、この活動には予算があるわけでもなかったので、実施を強くすすめることができない苦しさもありました。地道に事例を紹介することなどで共感者を増やしたり、サロン活動をすすめるにあたっての方法を細かく説明することなどで、理解者や実践を増やすしかありませんでした。

ひだまりクラブ分布図

20年間で8か所から45か所に

その結果、多くの地域で福祉委員や民生委員が中心になって、この「ひだまりクラブ」活動が開始されました(初年度の一九九九〔平成十一〕年は8か所程度でした)。琴平社協では、具体的な活動内容や活動する場所について相談に乗るだけでなく、それぞれの地域で自主的に続けていただけるよう条件整備にできるだけ配慮しました。

各クラブから要請があれば職員等が出向き、例えば、血圧を測定したり、講話の講師を務めたりします。また、年2、3回程度を目標にクラブリーダー(お世話役)の情報交換会や研修を実施して、リーダーが相互に連絡し合える関係づくりを行うとともに、この活動に参加する人が全体的に交流する機会を設けています。

この活動に対する助成は、行政からも社協からもなく、運営費は参加者からの参加費が基本で、そのほかには、それぞれで自治会会計や集会所活動費から支援を受けて行ってきました。しかし、二〇〇四（平成十六）年から「さすがに金銭的支援も必要ではないか」ということになり、毎年実施している「チャリティー作品即売展」の収益から配分するようになりました。

通常の「ひだまりクラブ」活動のプログラムは、高齢者を中心にした内容で取り組んでいますが、高齢者の集まりだけに終始することがないようにと、「サロン」活動という名称にはしませんでした。

地域のなかで歩いて行ける範囲で住民が集まり、交流できる場を設けることをめざしています。この活動が、少しずつではありますが町内で広がってきたのは、もちろん社協からのはたらきかけも重要でしたが、毎年開催する「地域福祉を考える住民大会（琴平町社会福祉大会）」（112頁参照）において実践者が行う活動報告などにより、近隣同士で開催するようすが伝わることが、取り組みの広がりにつながったのではないかと思います。
現在では、45か所まで広がりました。クラブリーダーの主力が自治会から選出されている福祉委員になり、自治会のなかでの役割とともに活動を担っているという点も、このひだまりクラブの活動の大きな成果です。

8 商店街に住民の活動拠点を設置〜「ちょっとこ場」〜

「住民主体」の象徴ともいえる活動拠点

二〇〇四（平成十六）年十月に開設した「ちょっとこ場」は、日本生命財団（ニッセイ財団）からの「高齢社会助成」を受けて地域住民の活動拠点として開設したものです。商店街の真ん中にある旧文具屋さん（82・5㎡）を借りて、トイレの設置などの改修をして活用しています。

琴平町の商店街は、車の運転ができない高齢者が利用者の多くを占めてきているため、シャッター街になりつつありますが、昔からの商店街のなじみの店は重要であり、生活を支えてくれるインフォーマルな資源となっています。例えば、軽度の認知症の方にとって

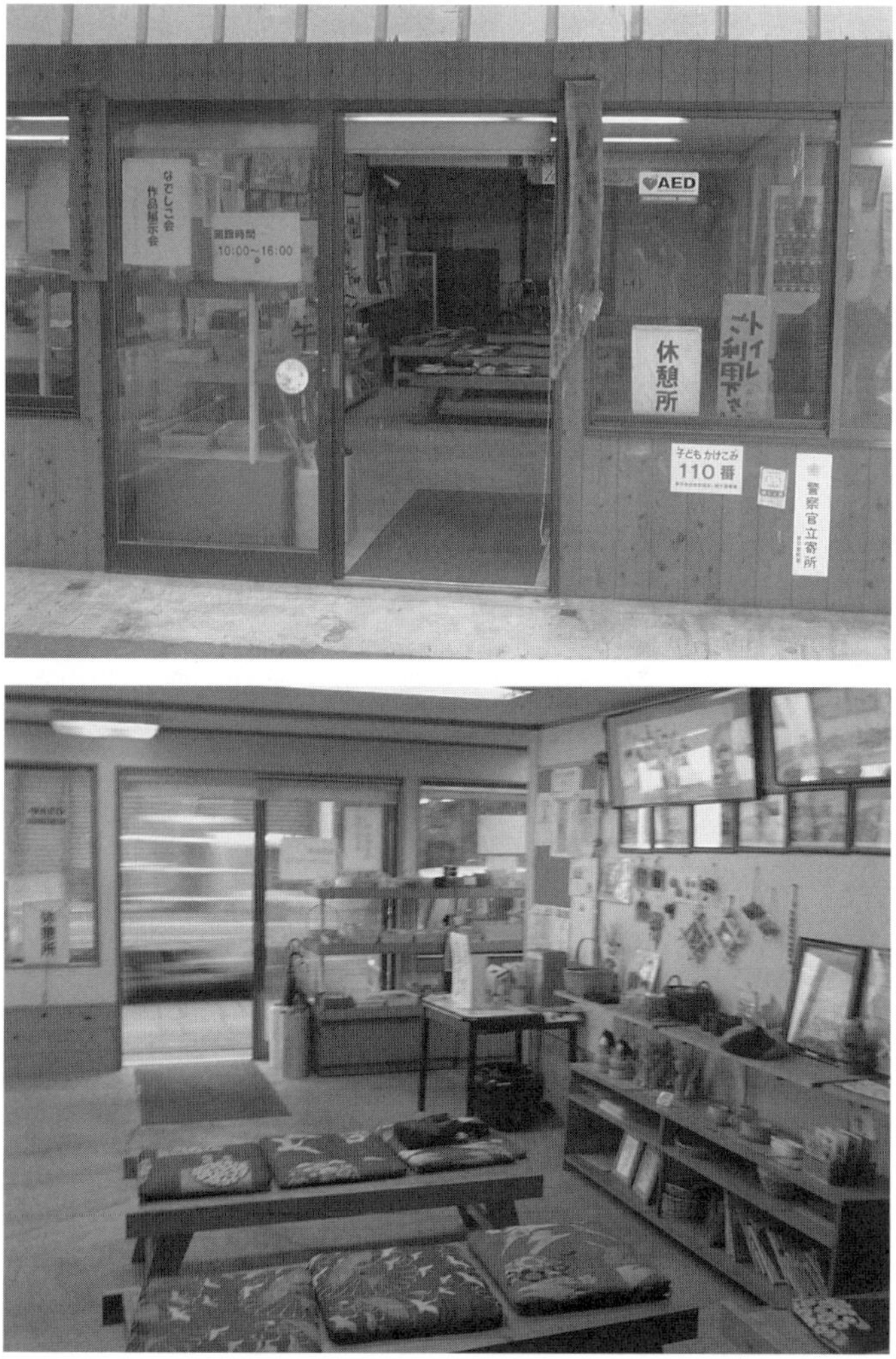

商店街の真ん中にある「ちょっとこ場」（上：入り口　下：室内）

の買い物ということを考えれば、顔なじみの商店が並んでいることはずいぶん安心です。「ちょっとこ場」をこの場所に開設したことには住民の関心も高く、お店の改修工事中から町の話題の的になっていました。

地域福祉推進に住民が参加し、主体的に活動を展開するには拠点が必要です。社協の事務局がある社会福祉センター（以前保育所であった建物を利用しています）は「地域福祉ステーション」としていますが、住民主体の地域福祉をすすめるためには〝気軽に共有できる場〟が常に地域にあるということが重要です。そういった意味で、この「ちょっとこ場」の開設は大きな意味がありました。

実際、「ひだまりクラブ」活動に取り組んでいるところは、常設的な場の有無が活動内容に影響しています。現在、「ひだまりクラブ」では13か所くらいが常設的な拠点をもっています。

子ども向けの「ゆうゆうクラブ」にも、二〇〇〇（平成十二）年から取り組みました。小学校から、子どもの非行防止を目的とした相談があり、夏休みなど長期の休みに児童を預かる取り組みを考えてほしいということでしたが、それに、保護者からの要望が加わり、登録者約10名からはじめました。食事は高齢者の食事サービスが活用でき、保護者の協力はもちろん、大学生や高校生のボランティア等の活躍により「ゆうゆうクラブ」の活動が行われました。この事業は、町が長期の休みの学童保育をはじめるまで継続しました。

9　地域福祉活動を町全体の取り組みへ

地域福祉をすすめる社協の役割

以上のような地域福祉の活動、組織の状況、そして、それに対する社協の問題意識が、二〇〇二（平成十四）年からの日本生命財団（ニッセイ財団）による高齢社会先駆的事業に対する助成（テーマは「ヒューマンサポートシャントセナ21事業—住民主体における保健・医療・福祉の総合推進をめざして—」）につながりました。

この事業は、「高齢社会では、高齢者自身が健康や社会参加に関心と自覚を持つことが大切であり、住民自身が地域社会の担い手として地域課題に取り組む役割認識とその仕組みづくりが必要である」として、拠点整備と関連分野との連携によりすすめたものです。

「ふれあいのまちづくり事業」により、住民が主体となって地域福祉をすすめる取り組みが、介護保険サービスの開始と重なったことで、社協事務局でもその取り組みが混乱した点もありました。新しい制度にしっかりと向き合って事業をすすめることが社協組織にとっても重要でした。しかし、地域福祉をすすめるということはそれだけではありません。地域の住民の方から指摘されたとおり、社協の役割を忘れることなくすすめることは、行政の合併への動きのなかでも同じであったと思います。そういう意味でも、ニッセイ財団の助成事業への取り組みには意義があったと思います。

これから、住民が地域の課題に目を向け、意識し、考える機会をつくり、住民の総意がいかせる環境づくりをすすめることが社協にますます求められていきます。

「支援を必要とする人も地域住民であり、生活者である」という視点を忘れないことが重要になります。

住民に関心をもってもらい、地域のなかで確実に支える

相談や情報提供があれば、まず、出向き、情報や状況を確認します。介護保険外であっても、必要があればホームヘルパー派遣による対応を行っています。また、職員が週5日の配食サービスで、食事だけでなく、総合的に生活を支えています。

その動きを地域の住民の皆さんが関心をもって見ていてくれることが重要です。それが、地域のニーズ発見や新しいサービスの開発にもつながっています。

地域のなかで高齢者、障害者、子どもなどが、確実に支えられる状態をつくっていくことをめざし、フォーマルサービスとインフォーマルサービスをつなぎ、社協以外のさまざまなサービスの活用も加える体制をめざしてきました。

また、身寄りのいない高齢者が一人で生活を続けていくなかで、日々の金銭管理とその人の最期を看取り、葬儀・供養等死後の事務など、今までなら本来、家族や親族が担っていたことの支援も求められるようになりました。

地域で生活する高齢者や障害がある人など、誰かの支援が必要な人をアセスメントして、その人に必要な支援を組み合わせたり、調整することが安心につながる大事な仕組みとして重要になってきました。そこでも、家族に代わる地域社会の力が重要になります。

このような考え方、取り組みが、総合的に最期まで支える事業「地域生活総合支援サービス」（第6章で詳述）につながっていくことになります。

＊注1　平成の大合併：国が一九九五（平成七）年の「合併特例法」により推進した市町村の合併。実際の合併は、二〇〇五〜〇六（平成十七〜十八）年にかけて行われ、二〇〇〇（平成十二）年に、三二二九だった市町村数が、二〇一〇（平成二十二）年には一七二七になった（各年とも3月31日現在）。

＊注2　講中：神や仏に詣でる信仰者の集まり。琴平の場合、自治会とは別に、住民の互助組織として長い歴史をもつ。

第4章

福祉教育・ボランティア学習の推進

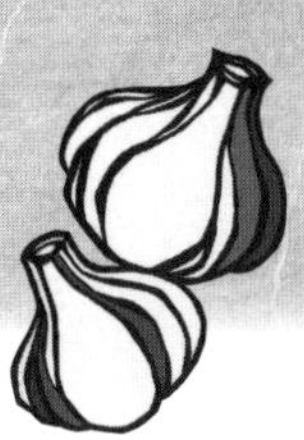

第4章

福祉教育・ボランティア学習の推進

1　住民の主体形成の取り組みのはじまり

意外に高かった住民のボランティア活動への関心—30年前

琴平社協として住民参加、主体形成に向けた本格的な取り組みは、一九八六（昭和六十一）年、厚生省の国庫補助事業「福祉ボランティアのまちづくり事業」*注（通称：「ボラントピア事業」）の指定を受けたことにはじまります。

「ボラントピア事業」に取り組むにあたって、「町民意識調査」を実施しました。その結果は、住民の4人に1人がボランティア活動に関心があるということでした。琴平町は全国的な観光の町で、全国からの観光客で町のなかがにぎわっているようすから、とてもそのような結果が出るなどとは予測していませんでしたが、これから事業に取り組むにあたって、住民は関心がなさそうに見えてもどこかでつながることができるという可能性を感じました。

しかし、すぐにそれをかたちに変えていけるほど社協には力がありません。人も、金も、もの（拠点）もありません。この意識調査の結果が、社協の住民活動への取り組みの〝よりどころ〟でした。連合自治会の組織協力もあって、回収率も高かったと記憶しています。「ボラントピア事業」で何を目標とするか、これから何を地域の住民に伝えていくのか、県内でも後発の琴平社協が、地域の福祉、「誰もが安心して暮らせるまちづくり」にどのように取り組むか、などいろいろな課題・疑問がありました。

このことについて町行政と協議したとき、「この事業は2年間と限られたものであり、その後の予算が保障されているわけでもない。補助期間が過ぎてから持ち出しが増えることが心配だ。先を考えて、こうしたモデル事業には取り組んでもらいたい」と、苦言を呈されました。その後、担当者が代わっても、こうした助言・考え方は変わらずに引き継がれています。

講演会で住民に「ともに生きる」を呼びかけ

そうした状況もあり、理事会では、「住民に社協が存在することを知ってもらうことが

「1000人の集い」

何より大事ではないか」という結論に達しました。町内の約60の各種団体に呼びかけ、「琴平町ボランティア推進協議会」を設置し、〝住民総ぐるみで取り組もう〟という体制をつくりました。

そして、同じ一九八六（昭和六十一）年に、第３回社会福祉大会として、「一〇〇〇人の集い」という講演会を開催しました。講師には、当時、日本社会事業大学教授であった大橋謙策先生にお願いし、演題は「ともに生きる町づくりをめざして—地域福祉推進と社協の役割—」としました。当日の大橋先生のお話は、「ボランティアの風を吹かそう。これからの福祉は、住民が地域のなかで支え合う活動をはじめることが大事である」という内容でした。

暑い日で、会場が冷房装置もない琴平小学校の体育館であったことから、通路には氷柱を立てるなど、今ではとても考えられない手づくりの設営でした。参加者には、一人ひとりに「ともに生きよう」「旅は道づれ　世は情け」などと墨書したうちわを配りました。

参加者は九〇〇人を超え、本当に一〇〇〇人に迫る人々で会場が埋まりました。各団体に案内状を送り、参加を呼びかけただけで、必ずしも参加者が集まるという勝算もなくすすめましたから、体育館の外で受付をしながら「本当にこれだけの人が集まるんだ！」と興奮していたのを思い出します。同時に怖さも覚えましたが、これが琴平の住民による地域づくりのスタートだったと思います。

ボランティア入門の意味合いの「地域福祉講座」

この頃に、「高齢者のひとり住まいの人にお弁当を届けたい」という活動の提案があり、五條地区からはじまりました。そして、象郷地区、琴平地区、榎井地区と広がり、今でも毎年1回ですが、それぞれの地区ごとに、ひとり暮らしの高齢者に届けています。お弁当の中身は「バラ寿司」という、誰もが食べ親しんでいる郷土食です。

社協では、いわゆる「ボランティア養成講座」も実施しました。それ以前から「手話講座」は実施していたので、新たに加えたのは車いす介助とか、ボランティアの入門的な内容のものだけだったと思います。ボランティア養成というより、〝住民による心ある活動〟というほうを好んでいた担当者個人（私）のわがままでもあったかもしれませんが、講座は推進協議会を組織していただいた地縁組織を中心に、住民が気軽に参加できる環境づくり、雰囲気づくりを心掛けました。

一九九〇年ごろには、それぞれの組織団体の活動に福祉の〝色合い〟をつけるようなはたらきかけが中心となりました。「地域福祉講座」と称して、琴平町の福祉の状況や日本の社会福祉の動向などについて話す機会を、いろいろな団体に年間を通じて設けていただきました。

ボランティア活動が、まだまだ「施設への慰問」や「かわいそうな人への支援」と受け止められていた時代であったと思います。

その後も社協が呼びかけ、各団体にお願いして実施したボランティア活動がいくつかあります。特に、現在も続けられているのが、食事サービスの調理ボランティアです（74頁参照）。町内の婦人会組織等で年間一四八日・延べ一二六六人が調理を担っています。

福祉委員の設置と「ひだまりクラブ」が住民の活動を広げる

琴平社協では、福祉委員には「見守り・声かけ」活動を担っていただいていますが、高齢化の進展する地域社会のなかでその役割への認識が高まり、「ひだまりクラブ」活動（99頁参照）にも積極的に取り組んでいただくようになりました。そして、「ひだまりクラブ」活動を通じて住民同士が交流して情報が共有され、互いに協力できることや地域で支える活動も広がってきています。

「社協が応援してくれるなら私たち住民でできることはやろう」という意識が、住民から社協に寄せられる情報からも伝わってくるときがあります。例えば、支援を必要としている人がいる場合に、職員がアセスメントして必要な在宅福祉サービスにつなげるだけでなく、民生委員の活動に福祉委員の活動が加わることにより、地域でその人の支援ネットワークづくりができていくことが増えています。

さらに「ひだまりクラブ」活動では、地域の子ども会活動と交流したり、自主防災組織づくりに発展するなどの取り組みもできていきました。

「いずれは自分たちが利用者になる……」というボランティアの言葉

一九八九（平成元）年にはじまった食事サービスの調理ボランティアの活動は、後継者不足に悩んだこともありましたが、団体自身が後継者づくりに取り組み、活動を維持・継続しています。

調理ボランティア自身が、食事サービスの利用ニーズを発見し、社協事務局に連絡してくれることもあります。自らがボランティアとしてかかわることで、食事サービス事業の必要性を評価し、住民として支えていくという意識の表れです。それは、「いずれは自分たちが利用者になるから……」という言葉にも込められていると思います。

また、子どもを対象とした「ゆうゆうクラブ」（１０４頁参照）の実施や、「ひだまりクラブ」（99頁参照）へのお弁当づくりも、こうした理解のもとにすすめられています。

なお、町内で実施されるこのような地域福祉活動の活動費には、十二月の第一土曜日・日曜日の2日間開催される「チャリティー作品即売展」での収益など、活動財源からあてられています。

このように住民が支援に加わることにより、地域で支える、助け合う活動が理解され、広がっていきました。

2 「こんぴら地域福祉セミナー」が四国を大きく動かす

(1) 町をあげての大セミナー

「ふれあいのまちづくり事業」をはじめる頃になると、「真の住民主体の地域福祉推進にどう取り組むか」ということが課題になりました。そこで、琴平の福祉のハード面の遅れを取り戻せるよう、ソフト面で何からはじめるのかという問題意識、視点に立って、琴平社協の山下会長（当時）とともに、「一〇〇〇人の集い」でもお世話になった大橋謙策先生を訪ねて、相談しました。そして大橋先生からは、「住民に地域福祉推進の意味を本当に理解してもらうためには、1回だけの研修、講演では無理でしょう。継続的に取り組むことが必要ではないか」との助言をいただきました。

そうして生まれたのが、「こんぴら地域福祉セミナー」の取り組みです。一九九七(平成九)年八月、第1回のこのセミナーでは、講演とあわせて、全国的に先駆的な実践をしている方のお話も聞ければと、シンポジウムも企画しました。講演は、大橋先生に「21世紀ゆとり型の社会の創造と地域福祉の推進―住民参加によるまちづくり―」というテーマでお願いしました。その後のシンポジウムでは、島根県・瑞穂町社協事務局長の日高さんと、岩手県・湯田町社協のホームヘルパー主任の菊池さんに発表をお願いし、それに加えて琴平町、香川県の状況を発表するかたちですすめました。そのなかで、町社協の山下会長が決意表明を含め、住民に対する説明を行ったことも、それ以降のセミナーの進展にとって重要な要素となりました。

まさに町をあげてのセミナーとなりました。会場は、ホテルの大ホールを用意し、その当時としては珍しかったのですが、参加費（一五〇〇円）をいただきました。郡内の社協にも呼びかけ、近隣市町を含めた参加者は、

「こんぴら地域福祉セミナー」初期の頃

地域住民に加え社協関係者や行政職員、町議会議員も加わり、予定数の四〇〇人をはるかに超えた六〇〇人余りとなり、大盛況でした。

あのときの熱気はいまだに忘れることはありません。不安と責任の重さに大変緊張しましたが、これがその後20年も続くなどとは全く想像もしていませんでした。

継続的な開催が真の理解を育む

この「こんぴら地域福祉セミナー」という名称は、「こんぴらさん」という親しみやすさと、さらに「琴平町」という一つの町だけに限定せず、もっと広がりをもたせたいと考えたもので、この名称も20年続いてきたことの一つの要因かもしれません。

セミナーは、第６回までは琴平町を会場に、「琴平から四国の地域福祉を問う」というテーマで開催し、四国４県の地域福祉関係者が参加するものとして定着していきました。

しかし、あくまで住民の皆さんが地域福祉を学ぶことを第一の目的としてきました。基調講演とシンポジウムというプログラムに、第７回からは分科会を加え、参加者同士の交流や意見交換を行いました。

前述のとおり、セミナー開催にあたっては当初から大橋先生にご指導をいただきました

「こんぴら船」が描かれた「第6回こんぴら地域福祉セミナー」の資料（表紙）

※「こんぴら船」は、金刀比羅宮（ことひらぐう）への参拝のために大阪と多度津や丸亀の間を就航した乗り合い船。

が、同時に、四国４県で、先駆的実践に取り組む人々とのつなぎ役・紹介役をしてくださった方々がいました。特に、当初からかかわって尽力くださったのは、次の三人の方です。

徳島県は日開野博氏（元徳島県社協職員／前四国大学教授）、高知県は故野村清司氏（元高知県社協職員／社会福祉法人明成会・オイコニア前施設長）、愛媛県は白方雅博氏（松山市社協職員）です。

この「こんぴらセミナー丸」（このセミナーは、かかわった人にとって、乗り合わせた船のようなものだと私は考えています）が第7回に初めて徳島県海部町に巡航したとき、日開野さんには、日本地域福祉学会四国部会活動として地元の地域福祉研究者の参加につないでいただきました。

白方さんの役割はユニークでした。参加者の交流の方法として、福祉を題材に俳句を詠む「地域福祉五七五」や、セミナー後に社協職員の交流の場となるバー「サテンドール」の主宰として、このセミナーに深みと幅をもたせてくれました。「地域福祉五七五」は、セミナーの参加者にとって興味深い取り組みで、民生委員活動や、ボランティア活動のひとコマを切り取って詠まれた句から会期中に選句し、共有されます。講演を聞いたり、意見交換をするだけでなく、日頃の思いや気づきを〝17文字で表現し、共感し合う〟という俳句プログラムは、参加者の日々の実践を豊かに広げてくれます。そして、俳句をとおして地域福祉活動への共感を得ることで福祉の土壌が育まれているように思います。

また、全体の交流会の後、四国内の社協職員の交流の場となるのがバー「サテンドール」です。白方さん自身がこうした場のもつ意義を重視し、毎回音楽機材を持ち込んで会場設営を行い、ベテランと若手が社協マン・ウーマンとして交流し、顔の見える関係をつくる貴重な場を整えてくれました。

キーパーソンともいうべき、この強力な方々のバックアップが「こんぴら地域福祉セミナー」を支えてきたのであり、こうした先輩方との強いつながりが、琴平社協の未知への挑戦を導いてくださったと感じています。

特設のバー「サテンドール」に集う社協職員（土佐清水にて）

(2) 琴平町から出航──「四国地域福祉実践セミナー」へ
先駆的に地域福祉の実践に取り組む人々をつなぐ

徳島県・海部町社協の故鈴木淳雄事務局長が「来年はぜひわが町でこのセミナーを受けもちたい」と申し出てくださり、前述のように第7回に初めて「こんぴらセミナー丸」は琴平町から出航することとなりました。

この後、このセミナーの大きな特徴となったのが開催地の決め方です。「来年は、次の開催はわが地元で」という申し出や、そこまでいかない〝つぶやき〟もありました。必ずしも社協会長や事務局長からの正式なものだけではなかったため、その〝つぶやき〟に導かれ、開催に向けての取り組みが行われましたが、「根回し」もあれば、やや無謀な「正面突破」もありで、社協活動ならではともいうべきものでした。

「地域福祉実践」は、地域で暮らすうえでの課題に対する活動です。このセミナーは、四国山地の中山間地や島しょ部など、各地に足を向けて実感として学び、考えるものです。四国の自然のなかで、人の営みが見えるところで、実際にその地でそれぞれの活動に耳を傾けることが、参加者それぞれにふさわしい学びとなります。

各地域の実態を知り、実践に学ぶ

毎年の実行委員会で協議するテーマも、地域の実態をふまえた、深刻な生活課題、制度のはざまの問題、孤立や孤独への対応などが取りあげられるように変わってきました。

このようなこともあって、第17回（二〇一三〔平成二十五〕年）に愛媛県・松山市で開催されるまで、県庁所在地が開催地になることはありませんでした（現在は、福祉課題が都市化してきていると考え、県庁所在地を含め、都市部でも開催しています）。

なお、琴平町で開催していたときは1日のみでしたが、第7回の徳島県・海部町での開催からは2日間の日程になりました。まず1日目に分科会があり、それぞれのテーマにそって、熱く活動を語り合います。常日頃、地域福祉活動に携わっている人たちの集まりですから時間が足りません。その熱気は、夜の情報交換会でさらにヒートアップします。次回の開催の候補地については、この情報交換会で決まることが多くありました。

第9回の愛媛県・大洲市での開催のときに、俳句プログラム「地域福祉五七五」がはじまったというように、回を重ねるなかで引き受けた開催地がこのセミナーを育ててきました。

「四国地域福祉実践セミナー」のようす

多分野の専門職や他県の参加者との交流の機会にも

開催地が決まり、次年度開催することになっても、その引き受けた社協だけですべてを担うというわけではありません。近隣の市町村社協や関係者による実行委員会が組織され、その「地元実行委員会」と「日本地域福祉学会四国部会」担当理事、地方委員を中心に研究者も加わり、実践発表へのコメントや進行に一役買っています。

全体テーマや分科会の構成についての決定に向けては、何度も実行委員会を開催して作業をすすめますが、国の施策や動きだけにとらわれることのないよう、留意しています。

何より、その地域の課題に即して、「どのような活動が展開され、何が問題なのか」「これからどういう方向性を模索していくべきか」などが大切であり、その際には、地域の声に耳を傾け、住民の活動に目を向けている職員の気づきが、決定の後押しをします。

正式な実行委員会に加え、この過程で〝顔の見える関係〟が築かれ、その後の活動にもつながっています。

「住民の勉強」を目的としてはじまったセミナーでしたが、それだけで終始していたのではありません。社協職員だけではなく保健師や医師、行政マンもＮＰＯ関係者、民生委員や地区社協関係者はもちろん、自治会長も企業人も参加いただいています。近年は、障害者・児童を含めた権利擁護に対する関心と取り組みの増加から、弁護士など福祉分野以外の専門職の参加や発表もあります。

(3) やはり琴平町にとっての財産
毎年参加する琴平町の住民たち―「我が事」意識の高まり

「ひとり暮らしでも『安心やなあ』と言えるまちづくり」を住民主体で考え取り組んでいかなければならないと考えてきました。

少子高齢社会の進展により、地域社会の根底までが変わってきているなかで、これまで以上に、住民の主体形成、「我が事」の意識が重要になっています。しかし、それは教えるとか、伝えるとかではありません。これまでのように、住民同士が交流し、意見交換や体験交流のなかから学びとっていく場や機会が必要であると考えています。

二〇一六（平成二十八）年七月に高知市で開催した「第20回こんぴら地域福祉セミナー・第14回四国地域福祉実践セミナー」をもって、「こんぴら地域福祉セミナー」としては幕を下ろしました。以後は、「四国地域福祉実践セミナー」の名称で継続しています。

琴平町で生まれたセミナーの「住み慣れた地域のなかで暮らし続けるため、住民がお互いに助け合い、支え合うまちづくりが必要である。その目標に向かい、先進地の事例に学び、考え、活動に参加すること」という目的を、四国全体で引き継いでいただけたことを感謝し、今後も発展していくことを願っています。

話が琴平町から離れてしまったようですが、「こんぴら地域福祉セミナー」がその名前を掲げて続けることができた一番の功績者は、毎年、バスで参加し、話を聞き、俳句を詠み、交流会で踊って場を盛りあげてくださった、琴平町の住民の皆さんではないかと思っています。

このように四国全体に広がったセミナーですが、琴平町にとって、大きな財産として育まれています。

3 住民主体の取り組み直し ～「共助の社会づくりプラットフォーム事業」～

琴平社協が、「共助の社会づくりプラットフォーム事業」に取り組んだのは二〇一二（平成二十四）年からです。これは、香川県が共助の社会づくりのためのモデル事業として募集した「香川県共助の社会づくり支援事業」に、琴平町とともに応募して実施した事業です。具体的には、「プラットフォーム」となる〝場〟と〝機会〟をつくるというものでした。

この頃の町の状況は、高齢化の進展や少子化という問題だけでなく、これまで地域社会を支えてきた自治会や婦人会、老人会といった地域の組織も勢いをなくし、それぞれ後継者不足に悩んでいました。かつて子ども会の組織の中心でお世話をしてきた母親たちは、家庭にいるよりも働き手となって勤めに出る人のほうが多くなり、活動の世話や組織を維持することが困難になってきていました。数年前には、身体障害者協会が解散するといった状況も見られ、こうした状況はそれぞれの関係者だけの問題ではなくなってきました。高齢社会のなかで地域住民の生活ニーズや生活の困難さは多様化、複雑化がすすんで、それまで地域のなかで普通に当たり前のようにできていたことが困難になって、それぞれの団体組織が戸惑うことが増えました。地域社会の変化が地域全体の課題となっているという状況にあるのです。

琴平町では、ボランティア活動によって食事サービスや子育て支援の取り組み、また小地域での見守り・声かけにはじまり、サロン活動も定着して営まれてきました。しかし、二十五、六年がたち、活動の担い手はすでに70代が中心になり、サービスの〝担い手であり、かつ受け手〟となりました。そして、活動に参加している人は一人が何役もこなす〝金太郎あめ〟状態となっています。

地域福祉を推進し、地域での全世代型の包括支援体制を構築するには、住民参加の活動による互助・共助をすすめていくことがこれまで以上に重要です。既存の活動の継続というより、高齢社会のなかで、あらためて住民が気づき、協議し、参画する活動によって、問題や課題の解決をめざさなければなりません。

住民目線で世代を超えて、住民が気軽に集まり話し合うことができる〝場〟をつくることが必要ではないかと考えての取り組みが、この「プラットフォーム」づくりでした。

人と人が新しく出会う〝場〟が大切

琴平町には、一九三四（昭和九）年に建造された木造日本建築で、現在、国の登録有形文化財となっている「琴平町公会堂」という建物があります。

住民活動には拠点が必要であり、拠点があることの意義について、これまでの取り組みから学んできました。そこで、住民が愛着をもちその歴史に誇りがもてるこの建物を次世代につながる「プラットフォーム」として活用したいということを町行政に伝えました。

これまでの活動への取り組みと異なるのは「住民と行政による共助の仕組みをつくる取り組み」にできないかということでしたが、乗り越えなければいけない壁が数多くありました。

この事業では、これまでのボランティア養成とは違い、「人と人が新しく出会うこと」が第一であり、まず、その〝場〟をつくることだと考えました。その出会いをとおして参加者同士が「今の地域社会、自分たちの暮らしにおける問題は何か」を住民目線で見つけ出すこと、見つけた課題に対して「まず、住民として何ができるか、どうしたいか」を話し合うこと、そして、いろいろな情報を共有したり、地域を見つめ直したり、興味関心事について調べたりすることを大切にしたいと思いました。

具体的な「プラットフォーム」の構想は、何度か全体で協議し、参加者の関心事と地域の課題を抽出することからはじめました。その結果、「環境美化」「子育て」「見守り」「安心見守り・防災」という四つのテーマにまとまり、それぞれのテーマごとにワーキンググループを構成して活動がはじまりました。

琴平町公会堂は、2年間社協が管理を受託

プラットフォームの活動拠点、琴平町公会堂

し、〝場〟と〝機会〟づくりをすすめ、さまざまな活動がこの公会堂で行われるようになりました（現在、公会堂は町行政が管理を行っています）。

ワーキンググループをとおして地域社会とのつながりを実感

子育てに関心のあるグループは、その後「絵本文庫」をつくりました。町内に呼びかけて子どもの絵本を二〇〇〇冊集め、「公会堂」の一室に設置しました。本の修理も自分たちでやりました。そのなかから、読み聞かせをするグループも生まれ、学校図書活動とも連携した活動として、子どもたちに本の楽しさを提供しています。

その後、公立図書館の設置を求める活動とあわせた実践も行うようになり、まず自分たちでできる図書館をということで、街角のお店やお宅の庭に本棚を置いて、会話や交流を楽しみ、本で人がつながることを目的に、「まちじゅう図書館活動」に取り組んでいます。なお、手づくりの図書ケースが「おやじの会」の支援で作られ、町内16か所に設置されています。

見守りのグループは、元気な高齢者の方々で構成され、まず自分たちの健康や意欲を維持する活動として、「楽しく歩こう」「声をかけ、あいさつをしよう」と、身近な取り組みを継続させています。

環境や防災についてのグループは、グループとしてというより、それぞれの小地域のなかでの取り組みになっています。

まだ、それぞれの興味関心事にあわせて活動をはじめただけで、それにより〝地域社会とどうつながるか〟は見えていません。しかし、「地域社会を構成する一員として社会に参加する」というように大上段に構えるよりは、日々の生活のなかで直面する課題に対し、仲間を見つけ、できることからはじめる、そして、「それが地域社会のなかでどういう意味をもつのか、自分がどこでつながっていくのか」を確認し、活動を通じて地域社会とのかかわりを実感してもらえたらと思いました。

これまで地域社会を支え、活動を続けてこられた方々と、まだ体験していない方々とが、ともに支え合い互いに協力し合う関係が育つ〝場〟がこの事業だと考えています。

これからの地域づくりをすすめるうえで、

①出会いから生まれるものがあり、出会いから学ぶ世界があること、

②子どもだけでなく地域の人々が出会い、気づける場をつくること、

③〝つながるネットワーク〟をつくるには、「集まれる」「集まりたい」を大切にすること、

④住民自身が暮らしのなかで見つけた、その一人の気づきや希望が大切であること、

そして、こうしたことをつないでいくには性急であってはならない、「待つ」ことが必要であり、また、それがむずかしいということを、この「プラットフォーム」づくり事業を通じて学びました。

この「プラットフォーム」づくり事業は、地域の住民・ボランティアと取り組んできたことを再度、「住民の主体性」という観点からとらえ直したものであり、また活動を見直すきっかけとなりました。

なお、琴平町では、高齢社会に先駆けて、第1次琴平町地域福祉計画（二〇一三〔平成二十五〕年策定）において「一人ひとりがいきいきと豊かさを感じながら生活できる地域社会を住民の手で築く（気づく）こと」を目標としました。

4　小中高を通じた福祉教育の取り組み

社協から出向くことが、福祉理解の第一歩

琴平社協では、福祉教育は、まず住民を対象とするもので、将来を考え継続的な取り組みとするためには、子どものときから福祉にふれることが大切だと考えています。

児童・生徒への福祉理解をすすめる取り組みは、一九八六（昭和六十一）年の「ボラントピア事業」をきっかけとして、町内の小学校、中学校に「福祉教育協力校」として児童生徒への啓発を目的に取り組んでいただいたのがはじまりでした。また、ほぼ同時期から共同募金の学校募金として、「空き缶募金」の取り組みをお願いしました。

初めの頃は、まだ社協という組織すら認識されていなかったため、各学校に協力いただけるよう、社協が学校ごとに地域社会とのかかわりを意識したプログラムを提案したり、計画を策定したりして、実施していただきました。例えば、町内に住む障害のある人や高齢者にも講師として参加してもらうことや、車いす体験や高齢者疑似体験を含めた「福祉講座」の提案などを行いましたが、実際の取り組みにおいては、社協は補助として参加す

るくらいでした。

しばらくして、町社協の財政が厳しくなり、協力校に補助金を出すことができなくなりました。それでも、それまでの関係性から、福祉教育の取り組みは続けられました。社協職員が学校に出向いて地域福祉についての授業をしたり、体験学習に取り組むときのお手伝いも続いています。

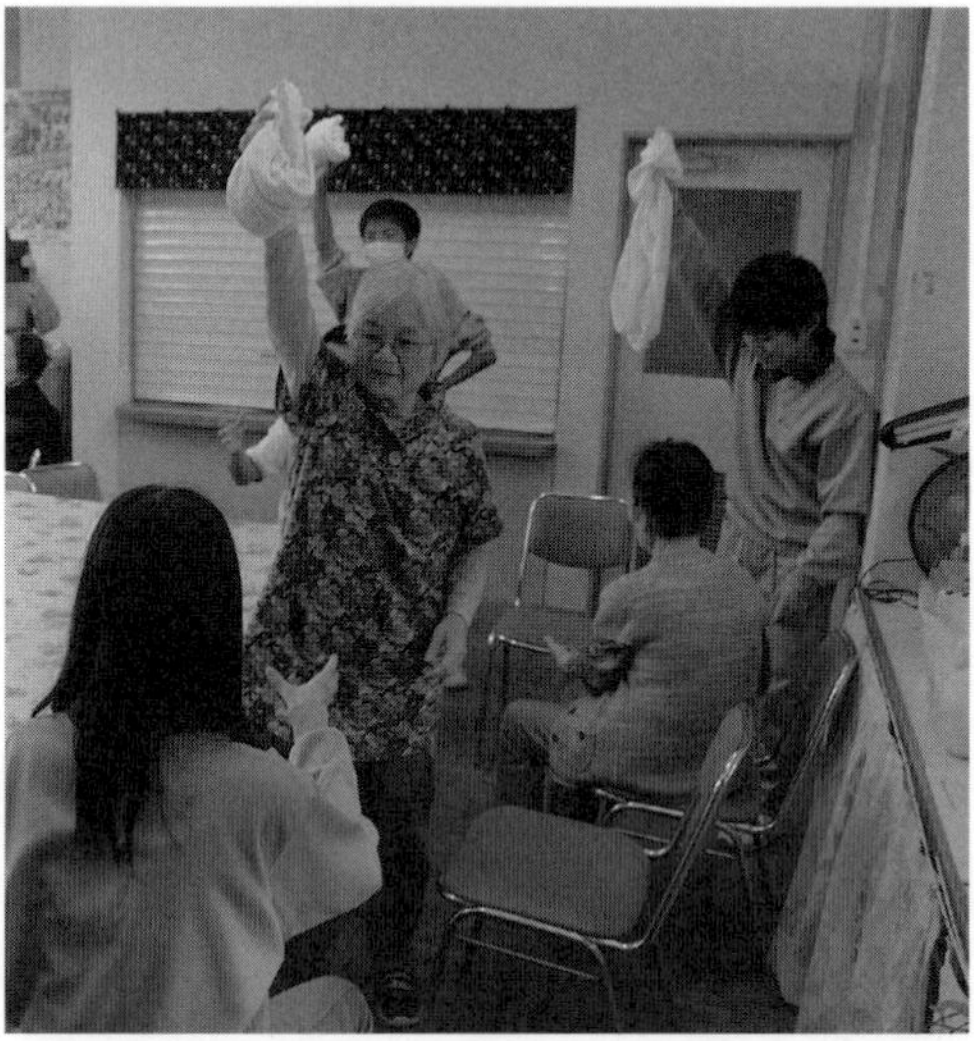

高齢者と福祉教育協力校の生徒の交流のようす

また、中学生を対象として高齢者の入所施設で行う1泊2日のワークキャンプも、一九八九（平成元）年から約20年続けました。このワークキャンプの取り組みから、中学校の吹奏楽部が施設で納涼コンサートを開催し、地域の人たちと交流を深める活動も生まれました。こうした体験から、福祉に興味をもち、職業とした子どもたちもいます。このような福祉の体験学習の重要性は十分に理解していますが、介護保険制度がはじまると、施設側の受け入れや学校との調整が困難になり、学校の教育内容やカリキュラム等の変更によって同じ活動を継続することがむずかしくなりました。

ただ、「空き缶募金」は、毎年町内の保育所・幼稚園・小学校・中学校で変わらずに協力を続けていただいています。数年前から子どもたち一人ひとりに赤い羽根を配っています。まずは、「赤い羽根」の意味を理解してもらうことが大切ではないかという、琴平町共同募金委員会での協議の結果です。そして一昨年（二〇一七〔平成二十九〕年）からは、町内「ＰＴＡ連絡会」の協力で街頭募金に親子で参加していただくようになりました。

また、二〇〇三（平成十五）年には、「みんなで作る防災・防犯マップ」の作成に、小学校区ごとに取り組みました。高齢者と児童も参加して、一緒に危険箇所などについて意

小学校区ごとに取り組んだ「防災・防犯マップ」づくり

見を出し合いながらすすめられましたが、子どもたちにとって貴重な体験になったと思います。

「子どもたちに伝えたい」

町内にある香川県立琴平高等学校とのつながりは、在校生の両親が障害をもっていたことから、学校としての「福祉的配慮」について社協に相談があったことがはじまりでした。またそのほかにも、在校生が家庭のいろいろな問題によって中退とならないように、家庭への支援の方法等についての相談もありました。スクールソーシャルワーカーが配置されるずいぶん前のことでした。

このように、高校に通う生徒の個別ケース

福祉教育協力校・琴平中学校の生徒さんが製作したベンチを町内各所に設置（たまり場づくり）

への対応をきっかけとしたつながりから、地域でのボランティア活動への参加はもちろん、地元住民と一緒に防災訓練にも参加していただきました。高齢者の多い地区ですから若い力は大歓迎でした。

県教育委員会を通じて文部科学省の補助事業に、社協も一緒に取り組みました。地域における高校生ボランティアの活動に協力し支援するものです。地域の大人の協力を得て、地域のなかで多様な体験や交流活動を提供することで、社会全体で子どもを育む環境を充実させ、地域の教育力の再生を図ることを目的とした地域教育力再生プランという事業です。

そのときにやれることと、困難な取り組みがありますが、柔軟に続けていくこと、そして、子どもたちに伝えたいことを言い続ける姿勢が何より大切なのだと思います。

また、こうしたそれぞれの学校での取り組みを、毎年開催する社会福祉大会で実践報告をしていただきました。琴平社協の大会プログラムは、児童・生徒だけでなく、そのときのテーマに応じて、民生委員やボランティア、青少年育成者・団体の実践活動を発表していただく場としています。こうしたことも、住民に対する福祉教育の一環であり、地域福祉について理解を深めていただく大事な機会であると考えています。

身近なところで実践されていることから学ぶこと、実践者の言葉で伝えること、評価し共感すること、その体験を共有していくこと、これらが次の行動につながっていきます。

＊注　福祉ボランティアのまちづくり事業：総合的にボランティア事業推進を行う、国庫補助によるモデル事業（一九八五〜一九九三年度）。これにより、ボランティアセンターの整備がすすんだ。

第5章 「ガァリック娘」の取り組み ―地域の特産品を活用

第5章

「ガァリック娘」の取り組み ―地域の特産品を活用

1 「こんぴらにんにく」で有名な琴平町

琴平社協で二〇〇九（平成二十一）年七月より売り出した「ガァリック娘」は、いわゆるガーリックオリーブオイルという調味料で、農業、商業、工業など各分野からの参加を得、福祉と教育分野のかかわりのなかで、それぞれの「利益」を生み出した協働の産物です。

琴平町は、〝こんぴらさん〟の門前町として全国から観光客を迎える町として有名である一方、耕地利用率が一三〇％という県内でも有数の農業の町でもあります。米麦のほか、菜の花、レタス、オクラ、大豆といった、年間を通じた野菜類の産地で、特に、にんにくの栽培は、香川県は青森県に次ぐ生産量・出荷量を誇り、県内では琴平町が主要な産地となっています。

しかし、収穫量・販売量ともに県内一を誇る「こんぴらにんにく」の産地であることは、

〝観光の町琴平〟ということに比べ、町民の認知度は低く、農業の町でもあるということは農業関係者や生産者だけが知っていることで、住民には関心の外にあるものでした。

　この「ガァリック娘」の取り組みの基本は、「農商工連携」という行政による産業連携施策に加えて、「地産地消」というキーワードにより、町行政だけでなく県の農業振興との連携によって推進されているところへ、福祉と教育がそれぞれの役割をもって参加したということが特徴といえます。〝地域〟にこだわり、特産品を活用するということですすめてきたもので、誰かの主導というより、まさに「協働」のたまものであり、これに参加したそれぞれがそれぞれに課題（テーマ）をもち、連携体制をとって取り組んだものです。

特産品のにんにくを使った「ガァリック娘」

　にんにく生産者は〝規格外品〟の有効活用により収益を上げる

というテーマ、行政は観光の振興に加えて、農業の町としてもその活性化をすすめることがテーマでした。

そして、我われ福祉の立場では、在宅の障害者の社会参加、就労の場を確保するということがテーマでした。

「ねむ工房」の存在が地域を少しずつ変えた

今は、特定非営利活動法人格をとり、障害者就労継続支援B型事業所となっている「ねむ工房」は、当時、行政補助金で運営する小規模作業所であり、徳島県の木工所の協力を得て木工製品をほそぼそとつくりながら、不安定な内職の作業に追われていました。この「ねむ工房」は、一九九三（平成五）年に琴平町内に開所した、「仲多度南部障害者（児）親の会」が設置した事業所です。

琴平社協は、「親の会」の立ちあげや組織化とその後の活動に継続してかかわってきたことで、行政とのパイプ役として、この作業所の設置にも全面的に協力してきていました。親の会活動を通じ、また、作業所設立時に保護者の皆さんと話し合った方向性は、「障害があるから人並み以下の仕事でいいのではなく、障害があるからこそ、楽しくやりがいのある作業や仕事ができる作業所でありたい」ということでした。

在宅で生活する障害者の場合、多くは家族と同居しており、住まいの心配はないにしても、近隣に障害者が利用できる施設もなく、在宅障害者の生活が豊かであるとは言えませんでした。しかし、「ねむ工房」ができたことにより、その周囲の環境が少しずつ変わっていきました。バリアフリーとか、ノーマライゼーションといった大げさなことではありませんが、確実に改善されていくようすも見られました。

例えば、作業所の近くには、書店やCDショップ、お好み焼き屋さんなどがありますが、それぞれが作業所のメンバーが昼休みに足を運ぶところでした。メンバーは、毎月の賃金を自分の趣味に使えることが楽しみでもあったので、少ない賃金のなかでやりくりし、足しげくそれぞれの店に通いました。それにより、車いすがスムーズに通れるようにスロープがつけられたりもしました。そして、近くの事業所の従業員の方と缶コーヒーを飲みながら過ごす光景が、当たり前のように見られるようにもなっていきました。

このように、在宅で過ごす障害者が地域社会のなかでその人らしく生活できる、「共生社会」がつくられるためには福祉分野だけではなく、地域社会全体が少しずつでも変わることが求められていると思います。

しかし、障害者の賃金を増やすことは、なかなか厳しいものがありました。

2 障害者のニーズと農商工、行政のニーズが一致

地域の特産品を活用してガーリックオイルの製造・販売へ

一方で、にんにくの生産者のほうでは、町の特産品となると厳しい規格があるため、どうしても市場に出せない〝規格外品〟が多くなり、生産者としては何とかその〝規格外品〟を収益に結びつけたいと考えていました。そんなときに、「地産地消」ということで「こんぴらにんにく」を加工品として活用することが、県農業生産流通課のマッチング企画でもち込まれました。ガーリックオイルの商品化です。

そこで、「にんにくの生産・加工」という仕事を、障害者によって具体化できないかと提案し、行政担当者や生産農家、JA担当者、「ねむ工房」とともに、何度も協議を重ねました。考えてもいなかった仕事であり、何もかもが未知数でした。農業や加工作業に果たして障害のある人がかかわれるのか、問題が起きないか、「ねむ工房」のメンバーが可

能な作業の程度や作業環境であるのかなど、すべてが未知数のなかで取り組みました。

そうしたなかで次第に、ガーリックオイルの製造・販売の具体的な作業工程が決まっていきました。まずは、製造業者からの注文に応えて、にんにくの加工品（冷凍スライスにんにく）の試作品をつくることからはじまりました。

「地域の特産品を活用した商品開発」に福祉が加わり、さらに教育が参加する取り組みになっていきましたが、仕組みとなるまでに何度も繰り返し議論が続けられました。その内容は、「これまで農業と福祉が協力して何かに取り組むということはなかった」「福祉活動にいろいろな分野から支援していただくことはある。しかし、『パートナーとして』ということは誰も想像していなかった」「なぜ、障害者の事業所が担うのか」といった、それぞれの立場からのさまざまな意見でした。

この「ねむ工房」のメンバーが琴平の主要産業の農業に何とかかかわることができないか、障害のある人が農業に参加できる方法を求めて、何度も行政担当課に足を運んでいました。そうしたなかで、「にんにくの加工」という作業が提案されたのです。

しかし実際には、障害者本人や家族には参加することへのためらいがありました。

障害者が地域のなかで障害のない人たちとともに生活する、共生社会をすすめるということについて、正面から反対されることはありません。しかし、理解してもらうのは簡単ではなく、異なる業種では価値観が違うことを認識したうえで、情報の共有や相互理解に時間を費やし、課題にはともに立ち向かい、得意分野では積極的に汗をかくことが大切です。そして、互いに受け入れてもらえたことに感謝する姿勢が必要なのだと思います。

地元の特産品づくりに携わる誇りと喜びの共有

香川県が全国2位のにんにくの生産地であることや、その主要産地が琴平町であるということが、今では、生産者でない住民にも「誇り」と「自慢」になっています。実は、以前から社協にも、にんにくの収穫期にはほかの野菜と同様に「活用できますか?」と届けられていましたが、その頃は町の特産品という認識はあまりありませんでした。

その市場に出せないいわゆる〝規格外品〟が、この取り組みの主人公になったのです。社協が生産者から出される〝規格外品〟を買い取り、それを「ねむ工房」で一次加工をします。それを原料として、製造業者が製品にするということですが、その製品を琴平の特産品として販売することで、生産者にも少しでも収益が上がり、「ねむ工房」のメンバーの賃金も上がります。さらに、町のお土産品として観光にも一役買い、収益を住民の地域福祉活動の財源とするというのが、この取り組みのねらいと仕組みです。

3　商品名「ガァリック娘」と瓶のラベルデザインは高校生

教育分野のかかわりは、最後のところで登場します。特産品として売り出す製品（商品）の名称と瓶のラベルデザインを、近くの高校のデザイン科の生徒たちに委ねたのです。

七月に販売を開始することが決まったものの、二月にはまだ、商品名も決まっていませんでした。かかわってきた人たちの思いとこの商品にかける期待から、「末永く愛されるものであってほしい」ということで、若い人にネーミングやデザインをお願いすることになりました。

「福祉へのかかわりだからこそ、学校として協力できる」

隣の市にある香川県立善通寺第一高等学校のデザイン科を訪問し、担当の先生に趣旨を説明し協力を依頼しました。「こうしたことは初めてです」と、大変戸惑っておられ、加えて、完成までの日数がないことにも驚かれました。突然の依頼は、ずいぶん乱暴な行動であったと思います。「返答の時間をください」との回答でしたが、数日後、「学年全体で、教育課程に位置づけて取り組みます」とのお返事をいただきました。

四月に新学期がはじまると、にんにくについての学習があり、にんにくの圃場《ほじょう》(菜園)や農協、社協へのフィールドワークも行われました。社協職員からは、なぜ社協がかかわっているのかも説明しました。こうした学びをふまえてできたのが、商品名や瓶のラベルデザインの候補作品の数々でした。その候補作品からの選定作業には、観光協会関係者も加わって決定し、七月に無事発売開始となりました。琴平の町を象徴するようなラベルデザインで、商品名の「ガァリック娘」も生産者や関係者の思いをしっかりと受け止めた名称です。

その後、この高校では年間のテーマとして取り組み、ポスターをはじめ、コマーシャルや販促グッズなども作成して提供してくださいました。

そして、デザイン科担当の先生からは、「福祉がかかわった取り組みだから学校として協力することができました。普通の商品開発ではないからです。生徒たちにもとてもいい経験になりました」と言っていただきました。この言葉は忘れられません。

そして、この「ガァリック娘」のPRには、地元の香川県立琴平高等学校がレシピづくりや料理コンテストへの協力を続けてくれています。

なお、二〇一八（平成三十）年度の「ガァリック娘」の売り上げは、約一万二七〇〇本、四二〇万円でした。

「ガァリック娘」料理コンテストのようす（香川県立琴平高校調理室）

ボランティアの協力による財源確保──「チャリティー作品即売展」

社協にとっては地域福祉の財源確保の取り組みでもありますが、多分野にこうした関係性ができていくのも大きな財産なのかもしれません。「ガァリック娘」の販売前から、財源づくりとして毎年十二月の第一土曜日・日曜日に開催している「チャリティー作品即売展」も多くの方々の参加や支援により続けられています。

もともと、この行事は、社協の法人化以前からはじまっていました。法人化したことでそれを引き継いだものです。有志、篤志家の活動から広がり、住民によって開催される取り組みになりました。

直接的なボランティアとしても、2日間で延べ約五〇〇名がかかわっています。準備段階からとなると、延べ八〇〇名を超えるでしょうか。品物の提供者は、企業や商店、ボランティアグループはもちろんですが、書や絵画はプロの作家です。開催案内は、新聞の折り込み広告としてスポンサーも町内外に協力をお願いしています。

実行委員会を設け、民生委員の方々はもちろん、各種団体が参加する、琴平社協の大行事です。中学生や高校生の参加は、高齢化に向かっているボランティアにとって力強い応援になっています。大人に交じって子どもたちの姿がある数少ない行事かもしれません。「地域での福祉活動資金は　みんなでつくって　みんなで使おう」ということで、子ども会活動や「ひだまりクラブ」活動の大事な財源になっています。

「チャリティー作品即売展」は毎年大にぎわい

第6章 最期まで支える仕組みづくり「地域生活総合支援サービス」

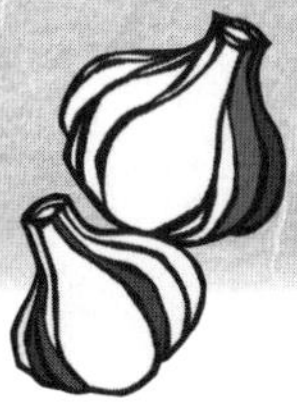

第6章

最期まで支える仕組みづくり「地域生活総合支援サービス」

1 「地域生活総合支援サービス」の必要性

琴平社協では、これまで述べてきたように、「福祉総合相談・支援事業」「在宅福祉サービス事業」「地域福祉活動」などを推進しつつ、地域で総合的に生活を支えることができる仕組みづくりをめざしてきました。

さまざまな模索をしてきましたが、具体的なサービスのかたちとして実現したのが、二〇一四（平成二十六）年からスタートした「地域生活総合支援サービス」です。

この事業は、自らの最期に親族等の支援が得られない人を対象に、社協が各種の既存サービスや制度を活用しながら最期まで支援するとともに、その後の葬儀・告別式等「死後事務」を引き受けるというものです。

もともと、琴平町には高齢者の単身世帯が多く、そうした方々の希望により最期まで在宅で生活が続けられるよう支援するサービスを提供してきました。なかには、体調を崩して、入院を余儀なくされたり、施設入所となる方もおられますが、それでも継続して、できるだけかかわりを続けてきました。

しかし、ひとり暮らしの場合には、身寄りのない方や、親族等との関係が途絶えている方も多く、遠方の親族と連絡がとれない、あるいは、連絡がとれても支援を拒否されるというようなケースも少なからずありました。そうした親族等の身近な人からの支援が得られず、厳しい状況にある方々に、社協としてできる限りの支援を続けていくうえでは、信頼関係を築くことが重要です。その積み重ねが、周囲からの理解にもつながり、要介護状態になっても在宅生活の継続を可能にします。

社協の職員がかかわることで、民生委員はもちろん、福祉委員をはじめ、近隣住民からの見守りや支援も得られます。

夜間・休日など緊急時の連絡体制―24時間電話相談の延長線

琴平社協では、職員が交代で夜間・休日にも連絡を受ける体制をつくっています。緊急時などの連絡を受けることになっており、必要なときには、夜間に担当職員等が駆けつけ

琴平社協の事務局（写真上）がある琴平町地域福祉ステーション（写真下）

ることもあります。救急搬送などで病院に搬送されるときや、入院になる場合でも、連絡があれば、まず社協職員が対応します。

もっとも、医療サービスを受ける場合などの家族や親族にしかできない手続きや決定事項もあり、家族・親族がいない方の場合には困難な場面がたくさんありました。しかし、ご本人の希望や思いを受け止めながら、在宅福祉サービスなどで継続的に、最期まで支援ができた事例もありました。そして、そうした実践の積み重ねのなかで、「琴平社協として取り組むべき活動は何か」という理解を職員自身にもつくりあげてきました。

「私はどうなるんやろ?」

「地域生活総合支援サービス」という新たな事業を創設するきっかけに、次のような、高齢者とのやりとりがありました。

当時93歳のひとり暮らしの女性Aさんです。それまで長年にわたって支援してきた方でした。入退院を何度も繰り返す時期があり、ご本人の希望もあって老人保健施設に入所になりました。

琴平社協では、身寄りがない場合、入所していてホームヘルパーの利用がなくても、状況に応じて必要な支援を続けていました。Aさんもそうでした。その後の「日常生活自立支援事業」のような内容です。この方の場合は、施設入所の契約などで必要なことから弁護士が後見人となっていましたが、日常の支援については社協が担っていました。

Aさんには施設を訪ねてくれる人もいませんでしたから、時々、社協事務所に私たちの顔を見に訪れて過ごしていました。そんなときには必ず、「どうしたらええんやろ？ 私はどうなるんやろ？」と、繰り返し聞かれました。担当のホームヘルパーや私たちはこれから先の生活のことだと思っていましたから、「心配せんでも大丈夫。病院の先生も来てくれるやろ。ヘルパーさんもおるやろ。大丈夫やで。近所の人もおるから」と答えていましたが、いくら言葉をかえて話してみても、どうしても納得してくれません。「私はどうしたらええん？」と繰り返すばかりでした。

そんなことが何度か繰り返された、あるとき、私は「心配せんでええで。ちゃんとお墓に入れてあげるよ」と答えました。

このような言葉は、普通に考えると、なかなか口にすることはなく、ためらいがちな言葉ですが、私は、Aさんが繰り返し言っていたのは「自分が死んだらどうなるのか？」ということではないかと思ったのです。「……自分が今まで親のお墓を守ってきた。家のこともきちんとしてきた。けれど、私が死んだら、後はどうなるのか」と。

すると、Aさんは「ほうな、もう安心やなあ」と言ってくれました。そして、それ以降は、「どうしたらえんな?」と聞かれることはありませんでした。

高齢になれば、日々の生活が安定していても、いつか来る〝最期〟のときへの不安があるというのは当然だと思っていました。また、そうしたことを言うのは「高齢者に対して失礼にあたるのではないか」とか、言わなくてもいいこと、避けておきたいことと思っているところがあったのです。しかし、「そのことにふれてはいけない」というのは、支援する側の勝手な思い込みでした。Aさんとのやりとりでは、とても大切なことを教えていただきました。

身寄りのない人への最期の支援──「死後事務」の委任

何年もの間、家族に代わるような支援を続けていても、葬儀・供養ということにまでふれることが必要だとはどうしても思えませんでした。しかし、地域のなかでさまざまな事例や高齢者とのやりとりを経験するなかで、高齢者にとってはその〝最期〟のときが一番心配なのだと気づかされました。これまでは家族が担ってきたことであり、「誰にも言えない」「誰からも言われない」ことだったのです。

その後、似たようなことで、自治会からも社協に相談がありました。また、民生委員からも、担当する高齢者の家族から協力が得られないため、自治会にも協力してもらって対応したいという相談がありました。それから次第に、地域のなかからも、身寄りのない方の最期までの支援について相談されるようになりました。

もちろん、高齢者に限ったことではありません。琴平町に住所のある人ばかりでもありませんでした。こういう状況が現実にあり、ますますその必要性が増えていくことが予測もされることから、「死後事務」の委任も含めて、この「地域生活総合支援サービス事業」を実施するに至ったのです。

2 「地域生活総合支援サービス」の内容

委任契約の取り交わし

このサービスの利用は、ご本人の希望をふまえてサービス内容を決め、委任契約を取り交わしてスタートします。必要な費用の自己負担は、制度利用の負担額、および制度外サービス等のそれぞれの定めによるものです。ただし、葬儀・供養等の経費については、あらかじめ預かることはしていません。「亡くなった時点で、その人が持っていたお金の範囲で可能なことをする」という整理にしています。したがって、赤字になる場合もありますが、一つひとつの事案での精算は必ずしも考えなくていいと思っています。

「地域生活総合支援サービス」の主な内容

①成年後見制度（法人後見）　※既存事業
②在宅福祉サービス（制度サービス＋制度外サービス）　※既存事業
③入退院支援　※実質、以前から行ってきたものを本事業で明確化／独自事業
④葬儀供養
　※実質、以前から行ってきたものを本事業で明確化／独自事業
⑤金銭管理　※日常生活自立支援事業
⑥簡単なお手伝い　※ホームヘルプ事業等ではできないこと／独自事業

電球の交換、話し相手、庭の掃除など

これに、琴平社協の基礎事業である、相談、安否確認が加わります。

それまでにも、財産等の有無にかかわらず、身近に支えてくれる人がいない方に、社協が自治会や民生委員の協力も得て支援を続けていました。この事業は、そういう支援を正式な仕組みにしたということになります。そして、このような仕組みが必要なくらい、対象になる人が多くなっているということです。

現在の利用者数15人。

本サービスの利用者で亡くなった方40人。

3 「地域生活総合支援サービス」のこれから

必要とする人が増えている

琴平社協におけるこの事業の位置づけは「公益事業」としています。

委任契約をしている方は現在15人ですが、今後、契約したいという方や「ゆくゆくは世

図1　「こんなサービスがあります」
（「地域生活総合支援サービス」パンフレットより）

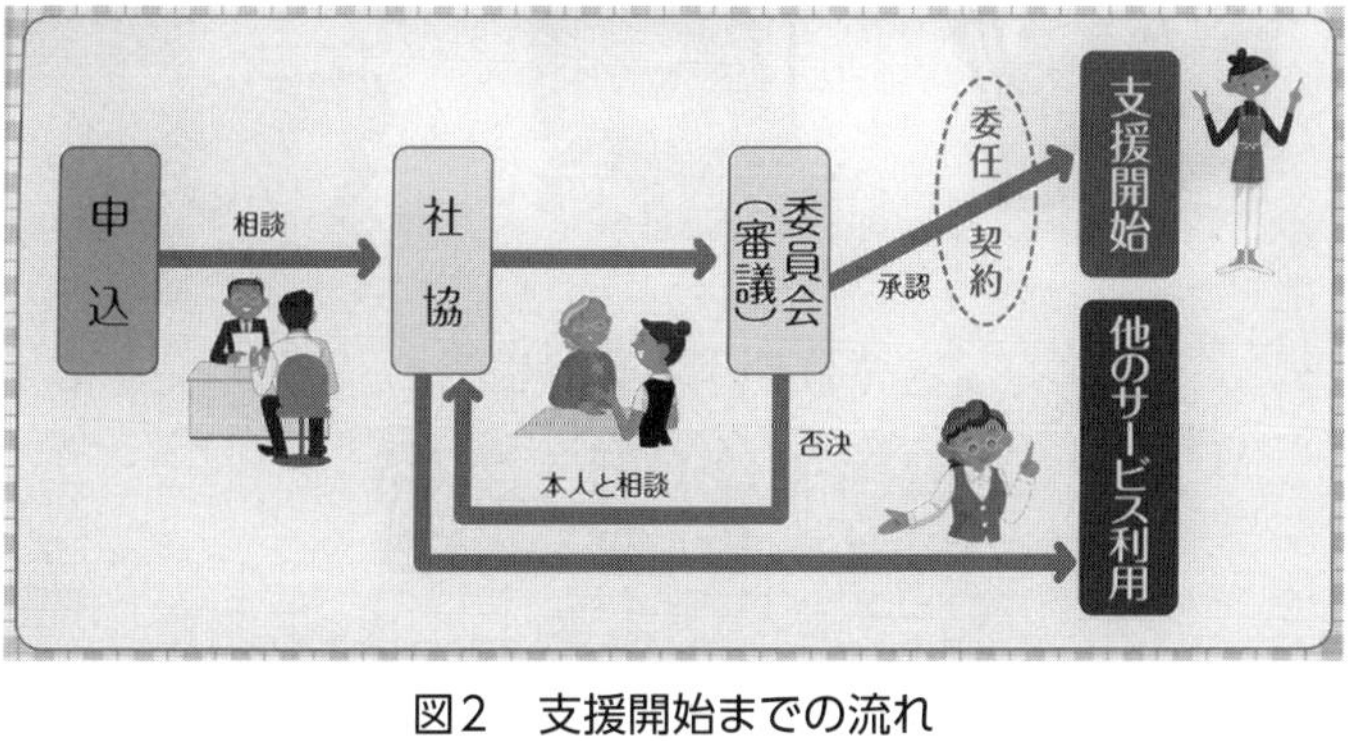

図2　支援開始までの流れ

話になるから」と話される方など、〝予備軍〟は少なからずいます。

そして、こうしたサービスを利用する人の多くは、兄弟姉妹や子どもがいない方で、親族も全くない方もいらっしゃいます。最期のときが近づいても家族関係が修復できなかったりする人も少なくありません。こうした方はこれからますます増えると思われます。

葬儀や供養というのは、地域によってそのやり方が異なるものでしょう。琴平町では、講中（108頁参照）や自治会で互助として行うのが当たり前でしたが、セレモニーホールができて、自宅や自治会の集会所から会場が移されることが多くなり、流儀が変わっていきました。特に、同居家族がいない場合には、セレモニーホールでわずかな親族だけで執り行われたりします。近隣の人が知らない間にすべてが終わっていて、何か月もたってから知らされる……、小さな地域のなかでさえ、いつのまにかこのようなケースが増えました。

「個人情報保護法」ができるなど、一人ひとりのプライバシーを守らなければならない社会は、残念ながら、地域社会とのかかわりのなかで生きてきた人を離れたところでひそかに送り出してしまうことが当たり前のような社会にしてしまったようです。

その人らしく生きていくための支援であり、それを見届ける

世の中の変化によって、社協に求められる役割が変わってきています。琴平社協が看取りから葬儀・供養まで引き受けるのも、家族のあり方が変わってきたからかもしれません。家族がいても支援できない事情もあり、家族が抱える課題は一層複雑化しています。

人々の生活のなかにあったはずのものがなくなっています。家族の機能とかご近所付き合いとか、地域社会の形成において重要であったものが消えたり薄れたりしています。しかし、そうした変化してきたことのなかには、人を支えるうえで、なくなっては困るものや、新たに見つけてつくる必要があるものがあります。

制度だから支援する、お世話をするということだけではありません。その人が生活を続け、その人らしく生きていくために支援の必要があれば、求めに応じてかかわりをもつということです。人は一人では死ねないのであり、地域のなかでの高齢者への支援は、その人の〝人生を見届ける〟ということかもしれません。そのかかわりの果てでの〝お別れ〟が、葬儀・供養も含めた「死後事務」なのです。

葬儀は、ホームヘルプサービスなどで日頃支援を行っていた職員を含む社協職員も加

わって行われます。近所の人や友人、職場の人、幼なじみが駆けつけ、その人の生きてきた過程が垣間見られることがあります。たとえ身寄りがなくとも、決して寂しいだけの〝お別れ〟でなく、穏やかにその人らしく送ることを大切にしています。そこに、人を支える福祉の考え方がつながってきているのではないでしょうか。

途切れた家族の関係をつなぎ直す

「最期は社協が看取ってくれる」という安心を提供できていると思いますが、ご家族がいるならば、それまでに良好な関係を取り戻すことを優先的に考えています。

これまで支援したケースでは、亡くなられてから相続等の手続きのために親族に連絡しても、拒否されることがありました。乗り越えられない事情があったのだと思います。一方で、急な連絡にもかかわらず、その後に訪問してくださる家族や親族もいらっしゃいます。第三者がかかわることで、それまでの途切れた関係が少しでもつながることを願い、丁寧に試みます。

ご本人の本音としては、亡くなってから連絡するよりも、その前に連絡してほしいということが多いようです。その願いを受け止め、家族の関係をなるべく早くつないであげたいという思いが私たちにはあります。何十年と連絡の途絶えた親族を探すのは容易ではありませんが、こうした〝家族をつなぎ直す支援〟は、この事業の意味を一層深めているように思います。

人に寄り添うということは、その人に起きているさまざまなことに前向きにかかわるということではないでしょうか。時間も手間もかかりますが、制度ではできないからこそ、社協が、このようなことをしてもいいのでは、と思っています。

今日の地域社会、家族関係の変化について学び合う

そして、地域の関係機関・団体の方々に、このような高齢者の現状を今の社会の一面として伝えることも必要です。琴平社協では、二〇一八（平成三十）年に、町内の寺院の皆さんに集まっていただき、この「地域生活総合支援サービス事業」について話をしました。これまでのかかわりのなかで、すでにいろいろな配慮をいただいているお寺もありましたが、町内の13の寺院すべてからご参加いただきました。社協として「最期」まで支援するという取り組みの全体像を説明したのは初めてでした。

また、寺院の方々からも、近年の家族の姿が変わってきていることや、高齢者世帯など

を仏事で訪問した際に気づいた変化などについて伺うことができました。さらに、社会的な孤独・孤立という面で、子どもたちの置かれている状況についても話が広がりました。相互に課題や情報の共有ができて、有意義な集まりとなりました。

「宗教家としても今後取り組むべき大きな地域の課題であり、一緒に考えていきましょう！」という意見もいただき、新しいつながりができました。

第7章 地域共生社会と琴平町

第7章

地域共生社会と琴平町

1　自治体の責任の明確化

地域での実践をふまえた制度・施策の変化

二〇一八（平成三十）年、社会福祉法改正が行われ、これからの「地域共生社会の実現」に向けた地域福祉の推進についての概念が示され、さらに、住民による課題解決を試みる体制づくりや住民活動の活性化など住民主体で取り組むことが明確に示されました。また同時に、市町村ごとに包括的相談支援体制の構築が求められています。

そこでは、「生活困窮者自立支援」の相談支援の体制がその基礎として考えられているようです。年齢に関係なく、支援が得にくい人、家族や親族だけでは支えきれない課題を抱える人、また、友人や知人もなく社会性に乏しい、いわゆる「社会的孤立」状態にある人、このような人々の暮らしや就労、住まいの課題を包括的に受け止める体制をつくることが必要だと言われています。

これは、国が突然はじめたわけではありません。また、「国が言っているからやる」というようなものでもなく、今までの社会福祉の大きな流れ、経緯から見ていかなければならないことだと思います。社会福祉法の改正（特に二〇〇〇〔平成十二〕年の「社会福祉基礎構造改革」、二〇一八〔平成三十〕年の「地域共生社会の理念の明確化」）や関連通知のなかで、地域福祉における「住民主体」の考え方が明確になったこと、一方で、地方自治体が責任をもって地域福祉をすすめることが求められたことなどは注目すべきことです。

「住民主体」の地域福祉には、自治体の責任と社協の役割が求められる

社協職員である私たちも、次々に変わる制度・施策に気をとられてその対応に追われていたという面もありましたが、その制度・施策の変化は、地域での私たちの実践をふまえたものであり、だからこそ、その後の実践を発展させていくものであると理解しています。

私自身がこのようなことをはっきりと認識しはじめたのは、「安心生活創造事業」を受託したとき（二〇一〇〔平成二十二〕年）です。この事業は、自治体が実施主体で、社協等にその一部を委託することができるというものでした。琴平町では、ほぼ社協に委託し

ての実施となりました。委託の如何《いかん》にかかわらず、この事業を実施するなかで「これからの地域福祉は地方自治体が責任をもって取り組むものである」と実感をし、社協が住民と一緒に取り組む活動にとどまらなくなったと思いました。

個別課題への丁寧なかかわりをめざして

地域における実践としては、もちろん、住民と一緒に取り組むことが大事ですが、これからは、それだけではなく、自治体の責任を明確にする必要があり、同時に社協の機能もまた変わらなければなりません。地域福祉（地域共生社会）は、「住民主体」だからといって、住民だけですすめるものではなく、自治体の責任を明確にする必要があります。しかし、自治体だけですすめるものでもありません。そして、社協がそこでどのような役割を果たすかを考えなければならないということです。

地域社会には、住民が互いに助け合う力があります。また、制度に基づいて支援を行う社会福祉法人などの組織もあります。そして、自治体には、制度でもって住民の生活を支援する力があると、私は考えています。しかし、それでも支えきれない場合や、発見困難・対応困難な課題はあります。その個別課題を丁寧に発見し、住民一人ひとりの安心と安全が守られるよう、官民の活動の調整を図るということが、これからの地域共生社会の仕組みとしてめざされるのではないかと考えます。個別課題への丁寧なかかわり、そこに社協がきちんと役割を果たすことが求められると思います。

2　支援の対象の広がり

同じく、「安心生活創造事業」の実施で感じたことは、これまでとは違い、事業の対象を年齢に関係なくとらえていくという方向性でした。

社会全体が大きく変化し、すでに孤立や孤独は高齢者だけの問題ではなくなっていました。不安定な雇用や所得の低下により日々の生活が成り立たない（困窮している）人も増加しています。近隣での助け合いやかかわりの希薄化がすすむなかで、地域では福祉の課題というより生活そのものの状態を見ていくことが重要になったのです。それが、社協としての認識でした。

「何が必要か」からはじめるのが琴平社協

新たな事業を開始する際に、琴平社協では調査を実施しています。「ボラントピア事業」

「ふれあいのまちづくり事業」のときにも実施しましたが、その頃は、従来の在宅福祉サービスに加えて地域のなかでの自立した生活に必要な支援が課題として明確にあり、事業のスムーズな実施につながったように思います。しかし「安心生活創造事業」では、調査対象を広げることについて民生委員の理解・協力を得るにしても、それまでとは違う視点が必要だと思いました。

その前後にスタートした、成年後見制度による「法人後見」の取り組み（二〇〇九〔平成二十一〕年）や、「日常生活自立支援事業」（二〇〇八〔平成二十〕年）も、地域社会の問題・課題の変化を反映したものととらえましたが、その際にも調査を実施したのは、課題認識や支援のあり方が少しずつ変化していることを見逃していてはその対応が遅れてしまうと考えたからです。

制度ができるのを待つのではなく、「何が必要なのか」からはじめるのが琴平社協のやり方であり、このやり方の結実が第6章で述べた「地域生活総合支援サービス」です。

3　住民の主体的な福祉活動の推進
～これまでの取り組みの振り返り～

一方で、住民主体の福祉活動推進という点でも、あらためて考えていくべきことがあります。年齢に関係なく誰もが安心して暮らせる仕組みをつくり出すためには、取り組みのきっかけになるような課題を住民自身が発見することが重要です。そういう意味でも、相談・支援が実施される圏域は、住民の生活課題が見えやすい範囲であることが大切だと思います。琴平町では、「地区ネット」がそれにあたります（91頁参照）。時がたって人も変わり、変化することもあるかもしれませんが、住民が主体的に考え活動を続けることのできる範囲（圏域）については十分に考えなければならないと思っています。

「地区ネット」を意識しながら、住民の思いを大切にする

住民の小地域福祉活動の活性化、福祉委員を中心とした見守り・支援活動は、「ふれあいのまちづくり事業」等をとおして活性化してきました。そして、住民同士が〝お互いさま〟でできることは任せ、これ以上はむずかしいということに社協がかかわるという仕組

みが定着してきました。しかし、何もかも最後まで住民だけに任せてしまうのでは社協への理解が得られませんし、今日の地域社会では互いに支え合う活動が当たり前のようで当たり前でなくなってきたという厳しい状況も無視できません。

また琴平町において、介護保険事業が地域の福祉活動とうまくかみ合ったのも（第2章参照）、前述のような地域住民の福祉活動と社協の事業・活動の連携、役割分担が意識的にすすめられたことと関連しています。

話を聞いたり、活動に参加したりしながら、困っている人や同じ思いをもつ人を見つけられる、琴平はそういう町です。その強みをいかして社協の活動が続けられています。そして、社協職員は地域に出向くことを信条としてきました。職種や担当業務にかかわらず、その業務に加えて、それぞれを地区担当としています。職員を振り分けたのも「地区ネット」の4地区です。担当する地区からの相談に応じたり、地区に出向いて活動を支援し地域づくりに取り組んでいます。

このような努力を続けてきたことで、大きな成果を残してきたと思っていますが、これからも、住民が主体的に動ける仕組みづくりを追求していく必要があると感じています。

4　住民の福祉活動の拠点づくり

先に述べたように、「えんがわクラブ」（一九九五〔平成七〕年～）、「ひだまりクラブ」（一九九九〔平成十一〕年～）、「ちょっとこ場」（二〇〇四〔平成十六〕年～）と、順次、住民の福祉活動の拠点づくりをすすめてきました。

住民の福祉活動の拠点とは、交流の場であり、住民同士のつながり、地域のつながりをすすめる機能をもち、また、個々の住民にとっては〝出かける場〟というとらえ方もあるように思います。とりわけ、「ちょっとこ場」の活動をとおして、〝出かける場〟をつくっていくということを強く意識するようになりました。

それが、「楽集館」（象郷地区の地域福祉拠点で、住民が誰でも自由に使える施設。二〇一二〔平成二十四〕年～）や、「まちのキッチン　もぐもぐ」（住民から提供された建物を、空き店舗対策で改修したもの。お惣菜等の販売に加え、相談や見守り活動の拠点となっている。二〇一六〔平成二十八〕年～）などの取り組みです。

次々と展開してきましたが、一方で、社協だけ、社会福祉分野だけですすめることには

「まちのキッチン もぐもぐ」の入り口（写真上）と店内（写真下）

限界を感じています。もちろん今までも、自治会、商工会とも協力してすすめてきましたが、もっと町全体で取り組む機運をつくっていくことが大切だと考えています。

5　町行政と社協の関係

行政の仕組みを理解し、社協の役割を見つめ直す

さらに、一層重要となったのが、町行政と社協との関係です。

「安心生活創造事業」への取り組みを通じて、「社会的孤立」等の問題を顕在化できたことは町行政も含めて関係者の共通認識となり、それまで社協が取り組んできた、「最期」まで支えるサービスについてもあらためて検討することになりました。地域生活支援の取り組みについての協議会として、自治会長、民生委員、行政担当者に加え、アドバイザーとしてこれまで事業にご協力いただいている専門家（馬場俊夫弁護士、大橋謙策日本社会事業大学教授）に参画していただきました。

取り組みの強化を考えるなかで、地域福祉推進自治体としての町行政の責任と、住民、民生委員、社協等さまざまな関係者のそれぞれの責任と果たすべき役割について、一定の

整理ができ、それが「地域生活総合支援サービス」につながりました。

私たちのような規模の小さい社協は、このように求められる活動に取り組むことで、社協の役割についての理解を周囲に深めてもらうことができてきたのだと思います。

しかし、行政という組織は、小さくても簡単に変わることはむずかしいようです。

これは、県、市町の福祉行政の仕組みとも影響し合っていると思われます。例えば、二〇一六（平成二十八）年からの生活困窮者自立支援制度では、琴平町が福祉事務所をもたない町ですから、「生活困窮者自立支援事業」の実施主体は香川県であり、広域的な取り組みとなりました。県内の各町社協に相談窓口が設置されましたが、その担当者への支援には県社協に配置された主任相談員があたるという体制です。したがって、この事業においては、町行政とは少なからず距離が生じました。町行政へは県の担当課から理解と協力を求めているとはいえ、各町の担当者の理解度には個人差があるというのが実際のところかと思います。また、地域福祉推進自治体としての取り組みも担当者が数年で交代することで行政の内部での定着は困難でした。

このことは行政の仕組みを批判しているのではなく、だからこそ、社協がその役割として、社協の専門職がその専門性をもって、地域づくりに責任をもたなければならないということを意味しており、そこに行政からどのような位置づけを求めるかを考えるべきだと思います。

一層求められる社協職員の自覚と、社協の新たな挑戦

「地域共生社会」は、福祉分野だけでの取り組みでなく、その方法もそれぞれの地域ごとに異なるのだと思います。ただ、これまでの琴平社協の取り組みは、この「地域共生社会」の実現に向けての取り組みと同じ考え方ですすめてきたものであると考えています。これからの取り組みに向けては、琴平町のなかで社協の位置づけや役割が明確にされるよう、社協職員として一層の自覚が求められます。多種多様な専門職とネットワークをつくり、住民活動を支える社協職員の役割がこれからますます重要になってくるでしょう。

社協には福祉事業を行うものとしての責任があります。そして、これまでさまざまな事業・活動を行ってきたことにより、住民からの信頼を得てきました。遺贈や特別の寄付をいただくこともありました。会員制度の定着も信頼の証しだと思います。「ガァリック娘」の製造・販売という取り組みも、地域の農家や障害のある方々と一緒に取り組んだ成果だ

と考えています。

このように住民の福祉活動の財源確保を行政補助や委託に頼るだけでなく、確立をめざすことが組織としての大いなる役割ではないでしょうか。

琴平社協は、これからも地域の人々とともに新しい仕組みづくりに挑戦しながら、地域住民の生活課題に立ち向かえるよう強い意志と柔軟な発想ですすんでいきたいと思います。

6 地域福祉の財源確保

財源づくりに地域住民が参加

地域福祉の財源づくりは、どこの地域でも大変だと思います。琴平社協でも、いつの時代も財源確保について、理事会でも、事務局のなかでも議論されてきました。

全戸加入の会員制による一口五〇〇円の一般会費の金額は、法人化される前の時代から変わっていません。変えようという議論もありましたが変えられませんでした。収入額は人口減少と自治会加入率の低下により年々減少しています。特別会費はその年の景気に左右されるだけでなく、商店が店じまいする件数により年々減少しています。

寄付金についても、介護保険がはじまって数年後から、やはり、自治会加入率の減少と比例して件数は減少しています。ただ、悪いことばかりでなく、そのようななかで、「社協事業に賛同する個人」による賛助会費は微増しています。寄付の状況を見ると、単なるお付き合いとしてというより、事業を理解し、社協の存在自体にも関心をもっていただくことがこうした行為につながっているようで心強く思います。

琴平では、毎年「チャリティー作品即売展」を実施しています。ボランティアとして多くの住民組織や各種団体が参加し、社協にとっても大きな年間行事になっていますが、この収益も実行委員会から地域福祉活動への支援として社協に寄付されます。このチャリティー展へのかかわりは、行事に直接参加するだけでなく、「品物を提供するのも買い物をするのもボランティア」「みんなで集めてみんなで使う」という、「ガァリック娘」（第5章）の仕組みにも通じる小さな地域のなかでの循環があるように思われます。こうして、収益そのものは少なくても、多くの住民が地域福祉活動の財源づくりに参加している、ということに意味があるように思います。

行政と民間の役割分担で

地域福祉が施策化（社会福祉法改正）されたことで財源も確保されるかというと、それは全く違う状況であることをしっかり理解しなければなりません。

高齢社会のなかで、さらに人口が減少することで小さな町の財政はひっ迫することは間違いなく、支援を必要とする人やその状況の深刻度も減ることはないと思います。社協では、これまでも行政から予算が確保できないときでも、必要な支援やサービスを続けてきました。

「琴平町社会福祉協議会財政検討委員会」と「同評価委員会」を設置し、町内外の関係者や学識経験者に議論いただき、社協会長（当時町長）に答申されました。「公費補助や事業委託と自主財源確保の取り組みがバランスよくあることが望ましい」という結論ではありましたが、その実行は簡単ではありません。

これからますます、住民一人ひとりの意識改革が必要であり、地域福祉の推進、地域共生社会の実現に向けた行政と民間の役割分担が、財源確保においても十分に協議されながら取り組まれていくことが重要であると思います。

単身世帯が増加するなか、どうしても家族や親族に頼れない状況が増えています。これからは住民一人ひとりが自らの生活が社会とどうつながってきたのかをしっかり認識できるようにならなければ、地域社会の継続はますます困難になっていきます。制度としての社会保障だけでなく、それぞれの地域ごとに住民が意識をもって支え合う仕組みをつくる活動が継続されなければなりません。財源確保にバラ色の絵は描けませんが、一緒に地域福祉の財源も含めてまちづくりをするという気持ちを大切にして、すすめていかなければならないと思っています。

《資料》

1　琴平町と琴平社協の概要

琴平町の概要

琴平町は、香川県の中央部に近い扇状地にあり、町の北側は善通寺市に接しています。交通網が整備されており、県庁所在地・高松市中心部への移動も60分以内。古くから金刀比羅宮（ことひらぐう）の門前町として知られ、多くの観光客が訪れます。

気候は温暖で、「こんぴらにんにく」をはじめとした野菜の産地でもあります。人口減少、少子・高齢化がすすんでいるものの、商店街、医療機関も多く、高齢者にも暮らしやすい環境です。

（2019年4月現在）

面積	8.47㎢	県内でも小さいほう
人口	9,095人	
世帯数	4,269世帯	
高齢化率	38.8%	年々増加
生活保護率	14.9‰	
地域福祉計画の策定	有	

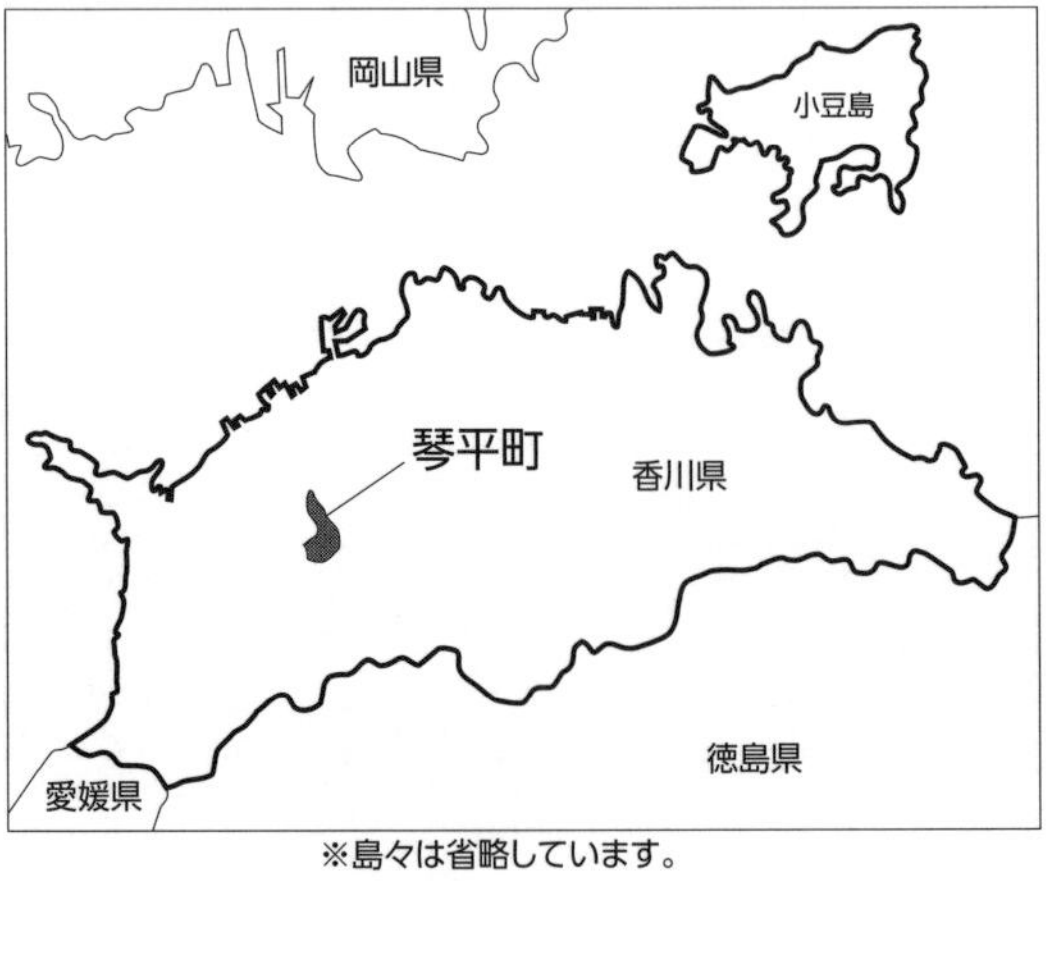

※島々は省略しています。

琴平町社会福祉協議会の概要

（2019年4月現在）

地区社協数　（地区ネット）	4か所	
職員配置数(総数)	38人	行政からの派遣2人を含む
うち、正規職員	15人	うち、行政出向1人
うち、非正規職員	21人	

2　琴平社協の主な事業（年表）

◆「社協です」――社協を知ってもらう

1983年 （昭和58年）	法人化 家庭奉仕員派遣事業（受託）開始	県内42番目（市町村数43）
1984年 （昭和59年）	社協会員全戸加入推進 車いす貸し出し事業開始 「歳末チャリティー作品即売展」継承	
1986年 （昭和61年）	ボラントピア事業指定 「1000人の集い」（第３回琴平町社会福祉大会）開催 「社会福祉に関する意識調査」（全世帯対象）実施	障害のある子どもの課題の調査

図1

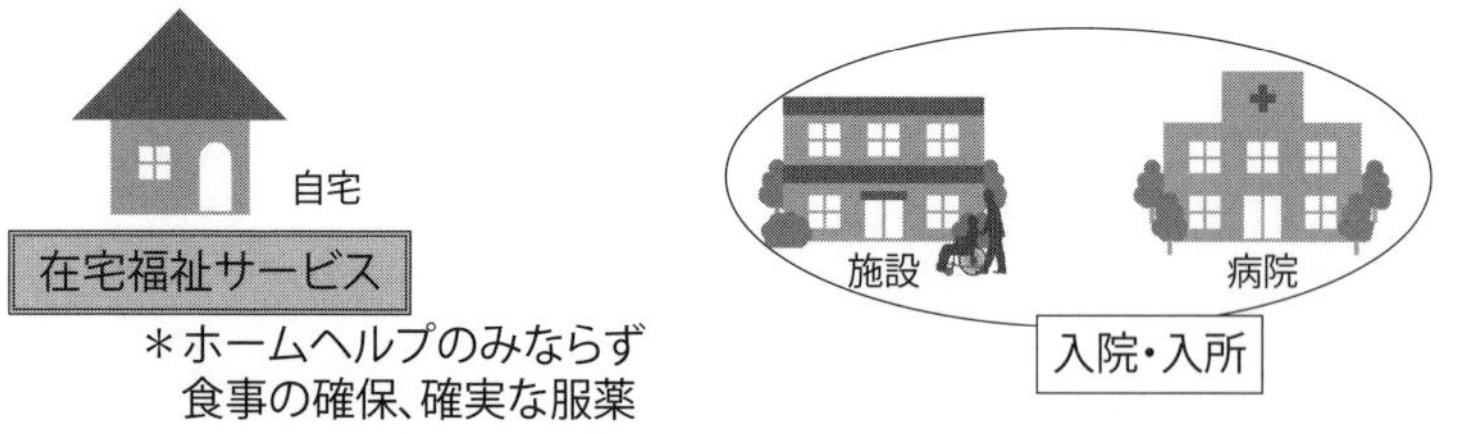

※ひとり暮らしになっても、住み慣れた自宅で必要なサービスが届けられれば在宅生活は続けられる。制度・制度外の在宅福祉サービスの実施。

◆「ご協力をお願いします」――在宅生活を実現するために在宅福祉サービスを実施し、地域社会の協力を呼びかける

1989年 (平成元年)	第1回ワークキャンプ実施 食事サービス（会食）事業開始	中学生の福祉体験(福祉施設に1泊2日)
1991年 (平成3年)	社協基盤強化計画策定 登録ヘルパー派遣事業開始	
1992年 (平成4年)	福祉委員委嘱（第1期）	
1993年 (平成5年)	食事サービス（配食）事業開始	
1995年 (平成7年)	おもちゃ図書館事業開始 福祉乳酸菌飲料配布事業（受託）開始	

図2

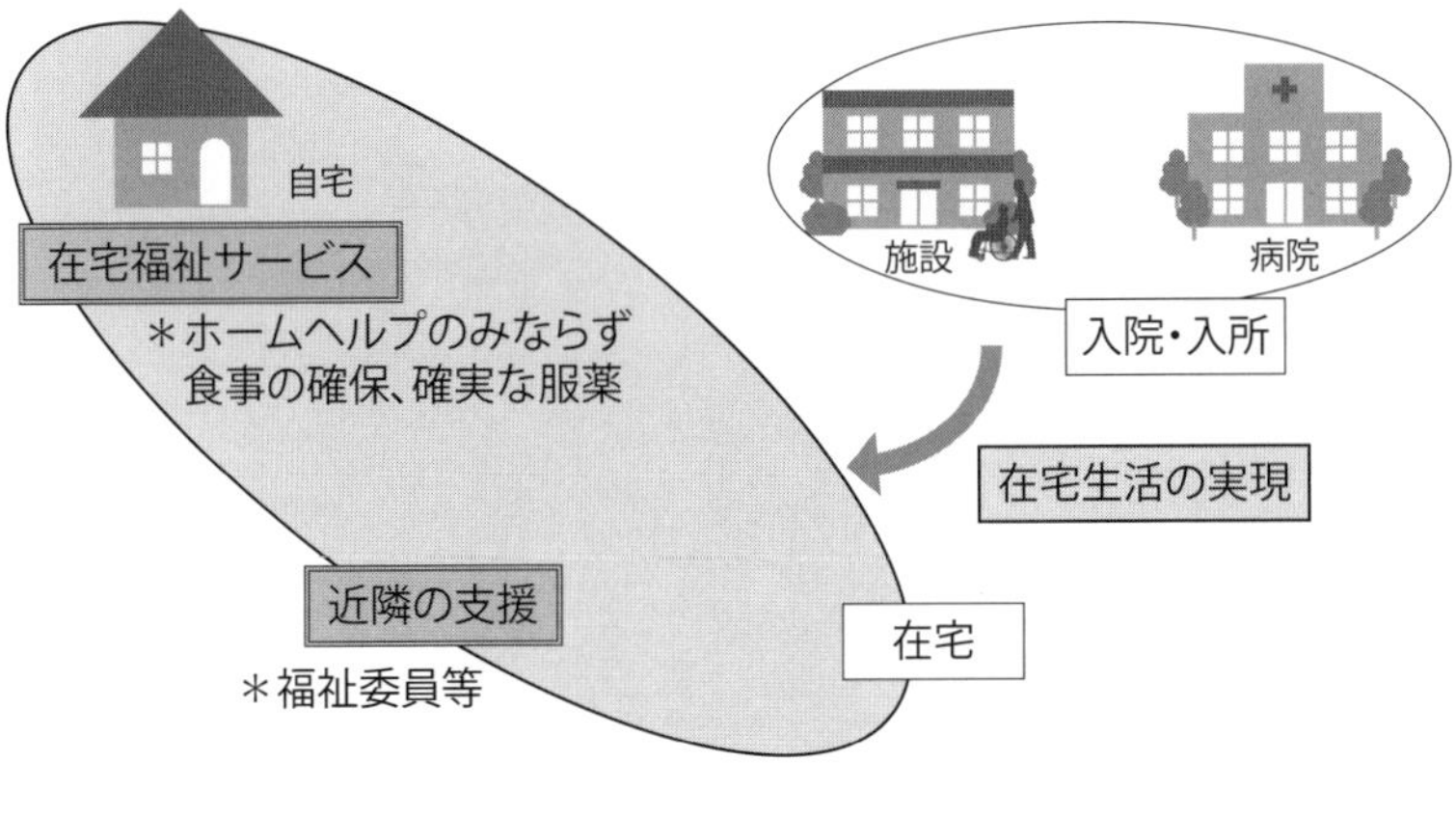

※図１に加えて、福祉委員などによる地域社会の支援がスタート。

◆「地域での生活を支える」（第Ⅰ期）——出かける場をつくる

1995年（平成7年）	「えんがわクラブ」開始	気楽に交流する場の提供
1996年（平成8年）	ふれあいのまちづくり事業指定	
1997年（平成9年）	「第1回こんぴら地域福祉セミナー」開催 医療保健福祉関係者連絡会開始 「まちかど相談薬局」開始	
1998年（平成10年）	拠点「地域福祉ステーション」開設 日常的金銭管理等支援サービス開始	社協事務所の地域福祉活動拠点化
1999年（平成11年）	「ひだまりクラブ」活動開始 毎日型食事サービス（配食）事業（受託）開始	
2000年（平成12年）	介護保険事業開始 「ゆうゆうクラブ」開始	子ども（小学生）の長期の休み中の活動

図3

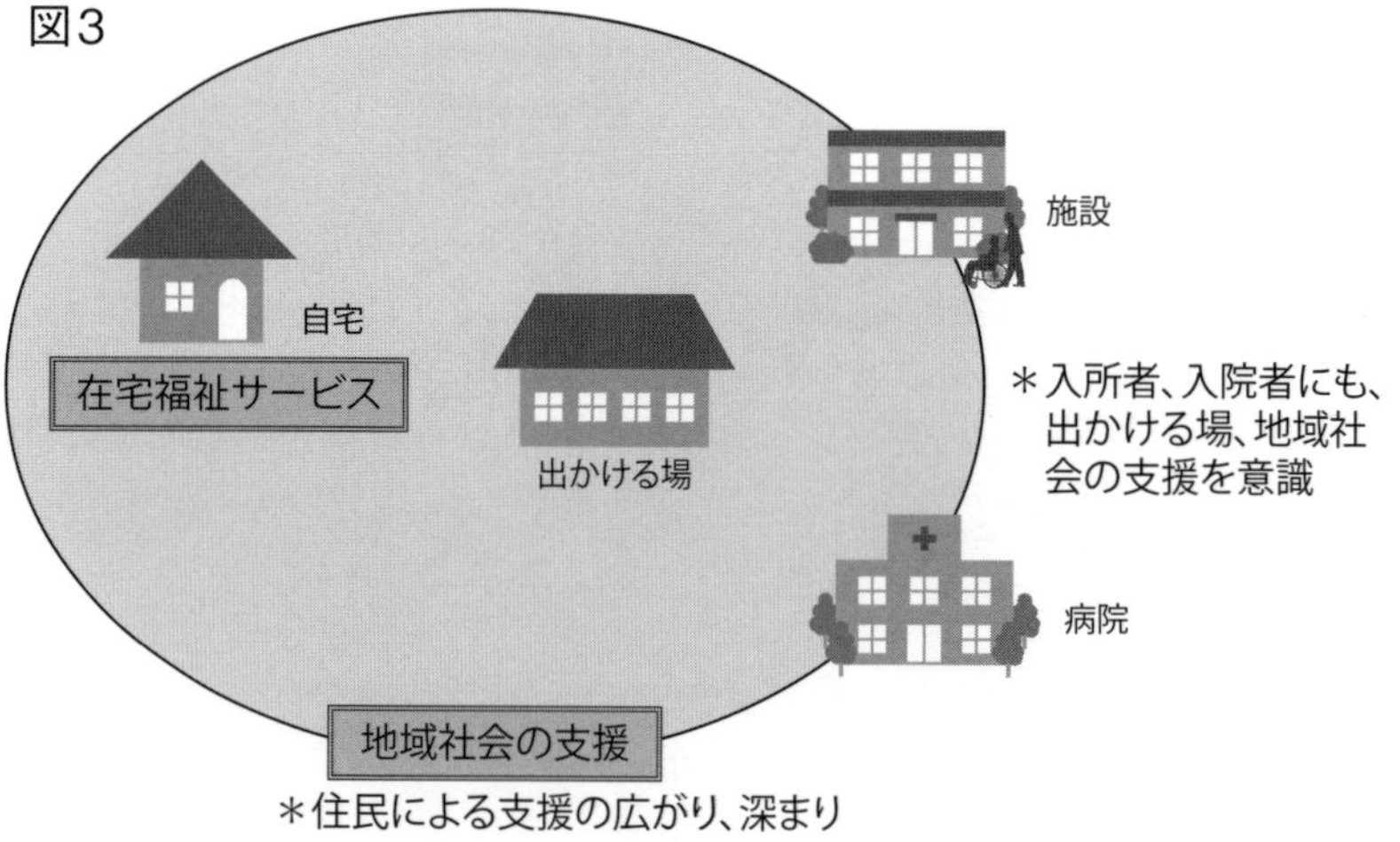

※地域で暮らすということは、在宅福祉サービスの利用とともに、地域社会のなかに役割があったり、気軽に出かけられることが大切（出かける場）。地域社会による支援を強化。

◆「地域での生活を支える」（第Ⅱ期）――住民主体の地域福祉へ

2001年 (平成13年)	地域福祉推進体制　(第2次：現在)	地域ネット、医療保健福祉関係者連絡会の整備
2002年 (平成14年)	日本生命財団助成事業（「ヒューマンサポートシャントセナ21事業」）実施	
2003年 (平成15年)	高齢者実態調査実施 「みんなで作る防災・防犯マップ」作成 合併協議会解散	住民活動の圏域を4地区に 小学校区ごとにマップを作成
2004年 (平成16年)	住民活動拠点サービスステーション「ちょっとこ場」開設 「シャントセナ」の集い開始	
2006年 (平成18年)	地域福祉研究会視察 (9/30)	
2007年 (平成19年)	社協経営検討委員会設置	
2008年 (平成20年)	法人後見事業開始	
2009年 (平成21年)	法人後見受任 「ガァリック娘」(にんにくオイル)発売	
2010年 (平成22年)	安心生活創造事業（受託）開始 ＊要援護者調査実施 「第1回ガァリック娘料理コンテスト」開催	
2011年 (平成23年)	災害時支援希望届開始 移動販売開始 事業評価	災害時の避難支援のための希望を調査 ひだまりクラブに合わせた移動販売 地域活動（特に予防活動）の評価を数値化

	東日本大震災被災地支援職員派遣	ホームヘルパーを含め職員を派遣。職員の意識に変化
2012年 (平成24年)	共助の社会づくりプラットフォーム事業 地域福祉拠点「楽集館」設置	象郷地区の地域福祉拠点
2013年 (平成25年)	琴平町地域福祉計画策定 ワークキャンプ最終年	
2014年 (平成26年)	地域生活総合支援サービス事業開始 社協評価委員会設置 日本地域福祉学会地域福祉実践優秀賞受賞	社協経営について答申

図4

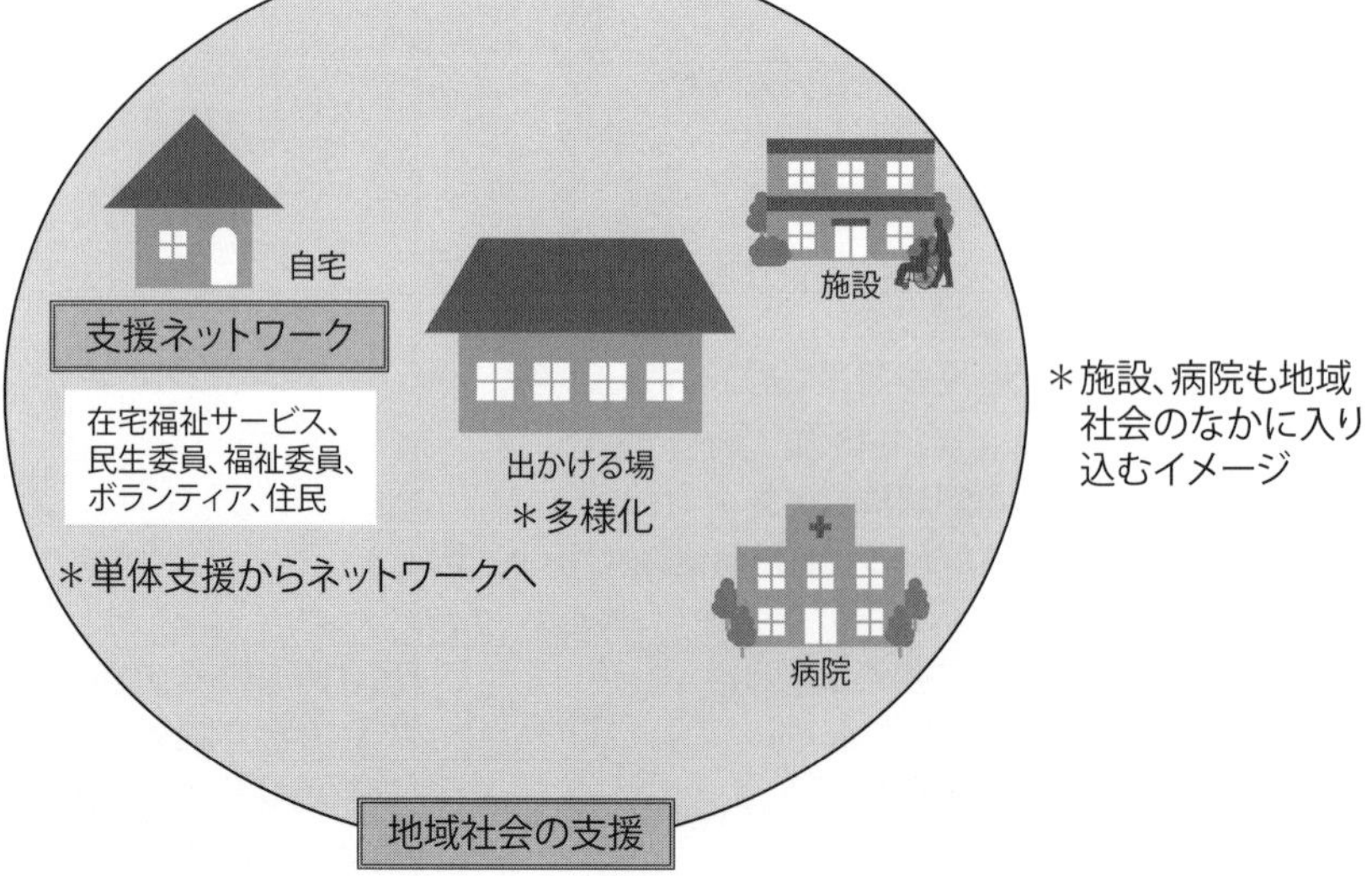

※地域社会のなかで、支援が必要な人につながりが再構築され、生活に必要なサービスのネットワークがつくられる。制度・制度外、専門職、住民の重層的な支援づくりをすすめる。出かける場の増加、多様化。

◆社協組織・体制の見直し

2015年 (平成27年)	民間会長就任 「ゆうゆうクラブ」事業休止	
2016年 (平成28年)	生活困窮者自立支援事業開始 特定相談支援事業開始 介護保険生活支援事業開始 「まちのキッチン もぐもぐ」開店 社会福祉法人制度改革に基づく組織改編、定款変更等	惣菜等販売、相談・見守り活動
2017年 (平成29年)	「我が事・丸ごと」の地域づくりの強化に向けたモデル事業指定 あったかホーム「井泉館」設置 第2次地域福祉(活動)計画策定	
2018年 (平成30年)	2課制へ移行 地区住民活動計画策定	地区ネット活動の計画化の取り組み

3　「地域生活総合支援サービス」パンフレット

住み慣れた地域で最期まで安心して暮らせるために

地域生活
総合支援サービス

始まりました!

平成22年度から国庫補助事業**「安心生活創造事業」**を琴平町から受託し実施してきました。この事業を通じて、**90代、80代の一人暮らし家庭**を中心に訪問員がお伺いし、困っていることがないか等を聞き取り調査しました。対応した件数**109件**、何らかのサービスに繋げた件数は**約30件**に上りました。その後何かしらの必要性があり訪問を続けてきました。**年間約1,200件**です。さらに要援護者台帳登録整備を進めていくために、自治会長、福祉委員、民生委員の皆さんに小地域ごとで集まっていただき、地域福祉懇談会として、地域の実情の把握、要援護者に対しての見守り・声かけのお願いをしてきました。少しでも気になった方、気になることがありましたら社協まで連絡していただいています。
また、**町内各4地区(琴平、榎井、五條、象郷)**で地域福祉推進連絡会を定期的に開催して、地域で生活をしていくうえでの困りごとに対して、どのように住民同士が支えあっていくのかを話し合ったり、自分たちの地域を明るく元気にしていこうと話し合いを進めています。
これから社協では、住民の皆さんが安心して安全に暮らしていけるよう制度やサービスを組み合わせたり、社協や専門機関だけでなく、広く住民の皆さんの力をお借りしながら自立した生活を包括的に支援するサービスとして始めます。

支援開始までの流れ

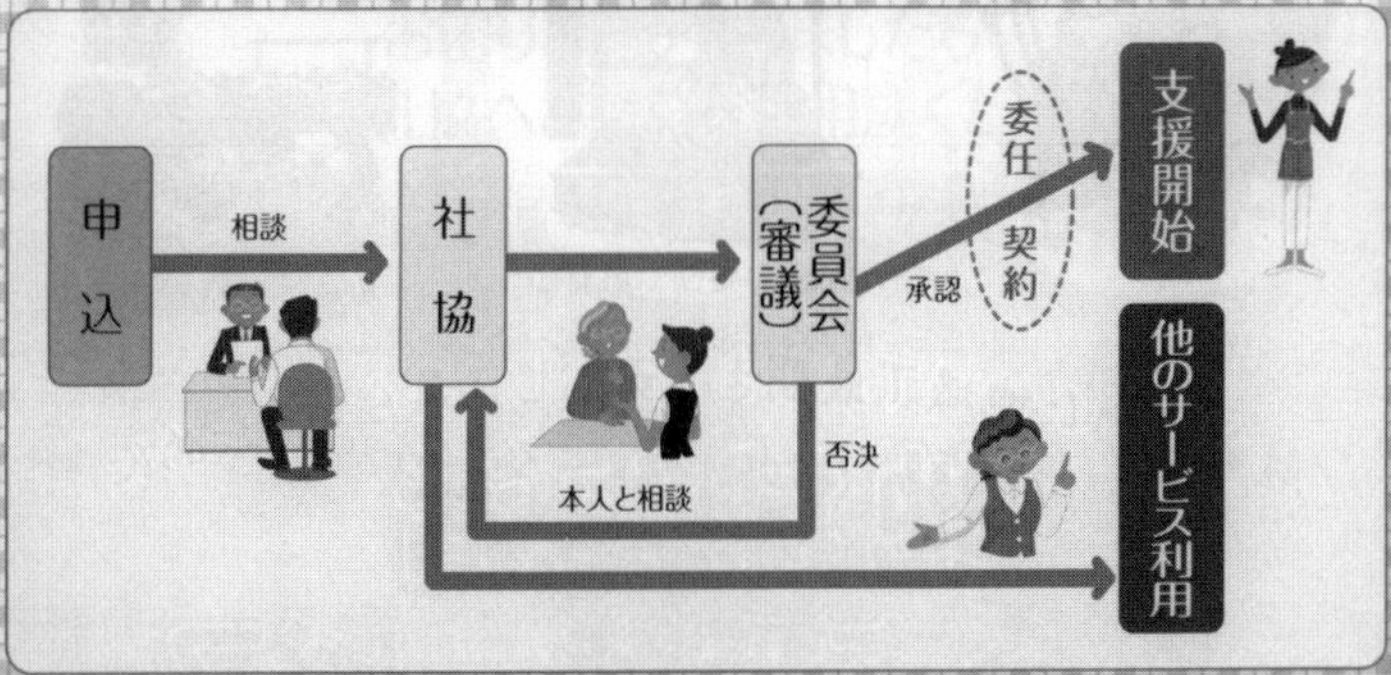

こんなサービスがあります

❶成年後見制度（法人後見）

判断能力が不十分な方、財産や権利を守り、安心して地域生活を送ることができるよう支援していきます。

❷在宅福祉サービス

介護保険を始め、認定を受けれていなくても必要に応じてホームヘルパーの派遣を行ったり、日中の間一人で在宅でいることが困難になってきた場合「えんがわクラブ」を利用することができます。

❸身寄りのいない方に対しての入退院支援

町内には身寄りのいない方が少なからずいます。そういった方々は急な入院になった時大変困ると思います。その支援をしていきます。

❹身寄りのいない方に対しての葬儀供養

社協には今までもこのことに対して多く相談が寄せらていました。身寄りのない方に対して、この問題は一番の困りごとかもしれません。そんな心配をなくすためにも社協が葬儀供養いたします。自治会とのつながりがある方はもちろん自治会の皆さんと一緒に行っていきます。

❺金銭管理

預金通帳や実印などの金銭に関する管理

❻簡単なお手伝い（予定）

今後は、ホームヘルパーさんができないことを住民参加型の在宅福祉サービスとして取り組んでいきます。

電球の交換　話し相手　庭の掃除　など

（⑥は決まり次第皆さんに周知いたします）

Q & A

Q 地域生活総合支援サービスって何?

A 今、琴平町社会福祉協議会(以下、琴平社協)にはさまざまな問題や課題を抱えた方の相談件数が多数寄せられています。それを職員が一つひとつ整理しながらその方に寄り添った支援をしています。支援内容は、金銭管理、相談、安否確認、在宅福祉サービス、見極めながらの後見制度の活用、入退院支援、葬儀供養、死後事務等多岐にわたって行っています。いろんなサービスを組み合わせながら「人」を支援していくことです。

Q 誰でも使えますか?

A 琴平町在住者で、本事業を利用することを希望する人です。

Q 手続きはどうしたらいいですか?

A 琴平社協まで来ていただくか連絡していただければ、お伺いします。その際には申込書に記入していただき、サービス利用に際しては、委任契約をします。また利用料に関しては、様々な公的サービスを利用するときは実費負担をいただくようになります。詳しくは琴平社協までお問い合わせください。

Q 個人情報とかの心配があるんですが?

A 個人のプライバシー保護については万全の配慮をしていきます。このサービスを行うに当たって、様々な関係団体や機関の協力も必要です。もちろんその場合、本人の同意を得てから情報を関係団体や機関等で共有させていただく事もありますが必要な事だけを伝えます。

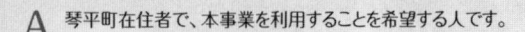

お困りごとがありましたら、琴平社協へお気軽にご相談ください。

また、ご近所でちょっといつもと様子が違う、
ちょっと支援が必要なのかな?と
おもったらすぐに琴平社協まで連絡ください。

琴平社協は365日24時間体制で電話相談受付しています!

最後に琴平町には一人暮らしの高齢者が約560世帯あります。これは人口規模からしても非常に多いです。また、高齢化率も約36%(H26.4月時点)になっています。住民がお互いに気にかけ、支えあっていかなければこの町が荒んでいきます。今数か所の自治会では、自治会ぐるみで見守り、声を掛け合ったり、ひだまりクラブ(ふれあいいきいきサロン)を開催し、人と人のつながりをより濃いものにしようとお互いがお互いを支えあう活動が増えてきました。そして、その活動を支えるしくみがこの「地域生活総合支援サービス」です。「向こう三軒両隣」、昔あった絆を今から取り戻していきましょう。そのお手伝いを琴平社協はしていきます。

お問い合わせ　社会福祉法人琴平町社会福祉協議会
電話(0877)75-1371　FAX(0877)75-1481　E-mail:info@k-wel.or.jp

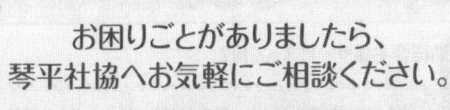

越智 和子（おち かずこ）

琴平町社会福祉協議会 常務理事兼事務局長

略歴

・1983年　琴平町社会福祉協議会福祉活動専門員
　以降、地域福祉活動コーディネーター、介護支援専門員兼務を経て
　業務課長兼地域福祉係長。2010年10月　事務局長就任。
　2015年4月　常務理事兼事務局長就任。
・1977年　四国学院大学文学部社会福祉学科卒業
・2001年　川崎医療福祉大学大学院 医療福祉学専攻課程修了

主な地域福祉実践・活動および社会活動（現在）

全国社会福祉協議会地域福祉推進委員会副委員長
香川県社会福祉審議会委員
香川コミュニティソーシャルワーク実践研究会代表
香川県ソーシャルワーカー協会理事
日本地域福祉学会四国部会担当理事
香川県内社会福祉協議会地域福祉推進委員会委員長
香川おもいやりネットワーク事業運営委員会副委員長
かがわ後見ネットワーク運営委員
小豆島町福祉のまちづくり事業委員
NPO法人後見ネットかがわ理事
NPO法人フードバンク香川理事　　　　ほか

地域で「最期」まで支える
―琴平社協の覚悟―

発　行　2019年7月25日　初版第1刷発行
著　者　**越智 和子**
発行者　**笹尾　勝**
発行所　**社会福祉法人 全国社会福祉協議会**
〒100-8980 東京都千代田区霞が関3-3-2 新霞が関ビル
電話 03-3581-9511
振替 00160-5-38440
定　価　本体1,200円（税別）
印刷所　**株式会社 丸井工文社**

ISBN978-4-7935-1319-0　C2036 ¥1200E